의사결정능력을 키워주는
유대인의 자녀교육 38

의사결정능력을 키워주는

유대인의 자녀교육 38

박미영 지음 | 이일선 그림

■ 추천사

유대인의 힘은 교육에서 나옵니다

　유대인 교육을 제대로 알고 배우고 싶어 하는 한국 사람들을 많이 만납니다. 이스라엘 대사인 저에게 이보다 더 큰 칭찬은 있을 수 없습니다. 교육을 더없이 중시하는 나라에서 우리 유대인 교육에 진정어린 호기심을 보이니까요.
　『의사결정능력을 키워주는 유대인의 자녀교육 38』은 유대인 교육의 개념과 특징을 깊이 있게 소개하는 중요한 책입니다. 한국 사람들이 흔히 느끼는 궁금증을 정리하고, 그 해답을 쉽고 간결하게 제시했기 때문입니다.
　저희 유대 민족은 조국을 떠나 오랜 고난의 역사를 견뎌내고 오늘날까지 생존했습니다. 역경에 맞서 종교와 언어, 문화를 지키고, 예나 지금이나 한결같은 유대주의의 연속성을 이어왔습니다. 그 바탕에는 유대교육의 힘이 있었습니다. 한 학자는 유대인을 이렇게 설명했습니다.

"유대 민족은 도전적 목표를 설정하는 용기를 지녔고, 그 목표를 달성하기 위해 의연하게 나아갑니다. 장애물을 만나면 서로에게 도움을 주는 공감 능력이 있습니다. 축복받은 민족이지요."

또 그는 유대인 자녀교육의 핵심을 아래의 성경구절을 인용하여 설명했습니다.

"내가 오늘날 네게 명한 이 명령은
네게 어려운 것도 아니요 먼 것도 아니라,
하늘에 있는 것이 아니니……
바다 밖에 있는 것이 아니니……
오직 그 말씀이 네게 심히 가까워서
네 입에 있으며 네 마음에 있은즉
네가 이를 행할 수 있느니라."

- (신명기 30:11~14)

주한 이스라엘 대사 **투비아 이스라엘리**

■ 머리말

저게 저절로 붉어질 리는 없다.
저 안에 태풍 몇 개
저 안에 천둥 몇 개
저 안에 벼락 몇 개

저게 저 혼자 둥글어질 리는 없다.
저 안에 무서리 내리는 몇 밤
저 안에 땡볕 두어 달
저 안에 초승달 몇 날

- 장석주 '대추 한 알'

아이를 키우면서 부모도 함께 성장한다.

마음을 비우고, 내려놓고, 욕심을 버리며 도를 닦아야 하는 상황을 겪으면서 부모는 비로소 어른이 되어 간다. 실제로 아이를 키워보니 왜 아이 키우는 일을 자식농사라고 했는지 알 듯하다. 좋은 환경을 만들어주고 정성을 쏟으며 기다리는, 아이 기르는 과정이 농사짓는 것과 꼭 닮았다. 아이들이 태풍과 천둥, 벼락을 견디어 내는 동안 부모들은 애가 타지만, 답답하지만 기다려줄 줄 알아야 한다. 그래야 아이들은 둥글고 붉은 대추 한 알로 제대로 익어간다.

  이 책을 준비하는 동안 가족들에게 크고 작은 변화가 있었다. 둘째가 태어나고 두 아이가 유년기를 보낸 일산 집, 오랫동안 정들었던 그 집을 떠나 이사를 했다. 그 사이 큰아이 태은이는 대학생이 되어 미국으로 갔고, 둘째 시원이는 고등학생이 되었다. 그리고 지난 2월, 친정어머니께서 우리 곁을 떠나셨다. 생전에는 잔소리로만 들렸던 어머니의 말씀이 언뜻언뜻 마음을 흔든다. 병문안을 마치고 집에 갈 때가 되어 인사를 하면 "미영아, 고맙다"라고 말씀하시던 어머니.

  오래도록 잊을 수 없을 것이다. "고맙다"는 그 말 한마디.

  나도 이 기회를 빌려 늘 화목한 가정이 되도록 중심을 잘 잡아주는 사랑하는 남편과 씩씩하게 잘 자라고 있는 아이들에게 고맙다는 말을 전하고 싶다. 책이 나오기까지 수고해주신 국민출판사와 편집자들에게 감사드린다.

2011년 11월 박미영

■ 차례

- 추천사 4
- 머리말 6

의사결정능력이 뛰어난 아이가 리더가 된다

01 의사결정능력을 키워주어라   15

02 문제해결능력을 키워주어라   20

03 인생을 성공으로 이끄는 자존감을 세워주어라   25

04 아이큐에 상관없이 노력하면 성공할 수 있음을 가르쳐라   29

05 배를 만들게 하려면 먼저 바다를 보여주어라   33

06 시련에 맞서 당당히 이겨내는 아이로 키워라   37

07 유치원 때부터 공동체 의식을 가르쳐라   41

08 싸블라누트! 인내심을 가지고 아이를 키워라   45

09 인생의 좌표가 될 만한 역할모델을 찾아주어라   50

Chapter 1

창의력이
넘치는 아이가
세상을 변화시킨다

10 인생을 성공으로 이끄는 질문의 힘을 키워주어라　57

11 아빠의 지혜로운 판단력을 전수해주어라　62

12 토론의 달인으로 키워라　67

13 이야기의 교훈은 스스로 생각하게 하라　72

14 상상력 발달을 위해 잠자리에서 책을 읽어주어라　77

15 어렸을 때부터 책을 읽게 하라　81

16 유머감각으로 긍정적인 마인드를 심어주어라　85

17 아이의 호기심에 날개를 달아주어라　89

18 창의성을 길러주는 게임 놀이를 시켜라　94

19 절대, 절대, 절대 다른 아이와 비교하지 마라　99

20 블루오션을 개척하는 개성 있는 아이로 키워라　103

Chapter 2

지혜로운 아이가 세상의 중심에 선다

21 유대인은 2~3개의 외국어를 필수로 가르친다   109

22 영상매체는 절제해서 보여주어라   114

23 시간 활용의 중요성을 가르쳐라   118

24 밥상머리 교육이 인성을 조화롭게 발달시킨다   122

25 조기교육은 아이가 준비되었을 때 시켜라   127

26 워킹맘도 학부모회의에 참여할 수 있게 하라   132

27 가정교육은 엄마에게 맡겨라   136

28 다양한 주제를 깊이 있게 경험하는 영재로 키워라   140

29 유아교육은 유대인처럼 하라   145

Chapter 3

배려하는 아이가 따뜻한 세상을 만든다

30 마잘 톱! 아이가 실수할 때 칭찬해주어라   151

31 돈으로 선물을 대신하지 마라   156

32 나이 많은 선생님을 존경하게 하라   161

33 체험학습장을 만들어주어라   165

34 남자와 여자는 동등하다는 것을 가르쳐라   170

35 명절과 안식일은 뿌리교육의 날로 정하라   174

36 세상을 아름답게 만드는 봉사와 선행을 가르쳐라   179

37 오른손으로 벌을 주면 왼손으로 즉시 안아주라   183

38 놀이교육을 통해 사회성을 길러주어라   187

Chapter 4

Chapter 1

의사결정능력이 뛰어난 아이가 리더가 된다

01 의사결정능력을 키워주어라

아이를 엄마의 아바타로 만들지 마라

학원 가야지, 책 읽어야지, 단어는 외웠니?, 급식은 잘 먹었니?, 학교 준비물은 없니?, 게임 그만해라, 꼭꼭 씹어 먹어라, 자기 전에 이 꼭 닦아라 등등.

우리나라 엄마들은 끊임없이 아이들의 생활과 스케줄을 확인하고 관리하고 명령한다. 아이들의 매니저이자 미래를 설계하는 교육 컨설턴트인 셈이다. 집안 행사를 계획할 때도 아이들의 스케줄에 맞추는 상황이다.

아이의 한 학기 또는 한 학년 스케줄을 미리 다 짜놓고, 명절이나 집안 행사일에 학원 수업이 들어 있으면 아이들에게 집안 모임에 참석하지 말라고 한다. 이렇게 모든 일을 엄마가 계획하고 감독해주니 아이들은 엄마의 아바타가 되어 시키는 대로 따르며 살아간다.

최근에는 자기주도학습, 입학사정관제가 확대되면서 일찍부터 아이의 입시를 준비해야 한다고 느끼는 엄마들이 더 많아지고 있는 것 같다. 조금이라도 시간의 여유가 생기면 아이의 상급학교 진로에 도움을 줄 특별한 스펙을 쌓아주기 위해 아이디어를 짜고 또 짠다.

실제로 우리 주변을 보면 '네 할 일만 잘하면 된다. 다른 건 엄마가 다 알아서 할게' 하고 대하는 것을 당연시하는 분위기가 대세인 것 같다. 때때로 집안 어른들이 세상이 어떻게 되려고 이러는지 모르겠다고 걱정을 해도 요즘 엄마들은 꿋꿋하게 아이들이 충분히 할 수 있는 일을 대신해준다. 시간 뺏기지 말고 공부하라고.

이렇게 엄마들이 옆에서 늘 아이의 모든 것을 관리하기 때문에 아이들은 어려움이나 실패를 별로 겪지 않고 성장한다. 하지만 실패를 맛보지 않았기 때문에 조그만 시련이나 역경을 만날 때 그것을 영영 극복하지 못할 수도 있다.

얼마 전 이런 이야기를 들은 적이 있다. 대학을 마치고 외국유학을 다녀온 아이가 귀국해서 엄마에게 이렇게 이야기했다고 한다.

"엄마, 이젠 뭐 해야 돼요?"

그 말을 들은 엄마는 자기가 자식을 잘못 키웠다고 크게 한탄했다는 것이다. 더 늦기 전에 내 아이가 스스로 자기 인생을 살아갈 수 있도록 자립심을 길러주어야 한다.

유대인은 의사결정권을 아이에게 준다

우리나라 부모와는 달리 유대인 부모는 어려서부터 아이에게 의사결정권을 준다. 하루의 일과를 계획하는 것에서부터, 집안일, 공부, 학교생활, 사회봉사 등 아이가 해야 하는 일에 대해 부모는 일절 간섭하지 않는다. 아이가 조언을 구하면 부모는 가이드라인 정도만 제시해준다. 결정도 실행도 아이 스스로 한다.

이 과정에서 아이는 자기가 해야 할 일을 무턱대고 시작하지 않고, 가장 효과적으로 수행할 방법부터 찾는다. 방법을 찾은 후에는 성실히 일을 처리해 나간다. 자신이 결정하여 수행한 일의 결과가 좋으면, 그 방법을 다음 기회에도 활용하고 실패했을 때는 문제점을 파악하여 스스로 해결하기 위해 노력한다. 혼자 힘으로 도저히 해결할 수 없다고 생각하면 부모나 선생님, 선배, 친구를 찾아가 조언을 구한다. 포기하지 않고 끝까지 스스로 해결하기 위해 노력하는 것이다.

이렇게 유대인 부모는 어려서부터 아이에게 자신이 해야 할 일을 맡기고, 스스로 의사결정을 한 후 맡은 일을 수행하게 한다.

우리 아이들도 머지않아 성인이 된다. 언제까지 아이의 주변을 맴도는 헬리콥터 부모로, 아이의 일상을 일일이 간섭하면서 경제적인 지원을 해주는 캥거루 부모로 지낼 것인가? 지금 당장은 현실적으로 무엇을 어떻게 해야 할지 막연한 것이 사실이지만, 아이에게 조금씩 자기가 스스로 선택하는 기회부터 제공해보자. 그렇다고 아이에게 무조건 스스로 해보라고 강요하지는 말자. 스스로 선택해본 일이 거의 없는 아이들이 계속 실패를 거듭하게 되면 좌절할 수 있기 때문이다.

대신, 조금은 여유를 갖고 아이들에게 천천히 자기가 할 수 있는 일부터 스스로 해보라고 맡겨보자. 실수나 실패를 하더라도 부모가 나서서 해결해주지 말고 스스로 문제를 해결할 수 있도록 조언을 해주고 용기를 북돋아주자. 그러면 어느새 아이들은 넘어졌다가 다시 균형을 잡고 혼자서 일어나는 오뚝이가 되어 있을 것이다.

02 문제해결능력을 키워주어라

아이의 일생에 큰 재산이 될 문제해결능력을 키워주자

유대인들은 식탁에서나 식후에 차를 마시면서, 또는 산책하면서 기회가 되는 대로 아이들과 이야기하기를 좋아한다. 평소에 사소해 보이는 일상적인 것에서부터 특별하고 다양한 주제에 이르기까지 자유롭게 토론하는 분위기에서 자란 아이들은 점점 사고의 폭과 세계를 보는 안목이 깊어지게 된다.

아들: 아빠, 얼음은 차갑죠?
아빠: 그래, 얼음은 찬 물질이지.

아들: 그럼 전기는 뜨거운 물질이에요? 찬 물질이에요?

아빠: 전기는 뜨겁거나 찬 물질은 아니지. 그런데 왜 그러니?

아들: 저는 전기가 뜨거운 물질이라고 생각하는데……. 전기를 잘못 사용하면 불이 나잖아요. 그런데 아빠, 뜨거운 전기가 냉장고에 연결되어야 얼음이 어는데, 어떻게 뜨거운 전기가 차가운 얼음을 만들 수 있어요?

아빠: 전기가 불을 낼 수 있다고 해서 뜨거운 물질은 아니란다. 만약 네 말대로라면 성냥도 불을 붙이니 뜨거운 물질이어야 하잖니?

아들: 그렇군요. 그럼 전기가 어떻게 냉장고 속의 물을 얼릴 수 있는 거예요?

아빠: 전기는 에너지를 가지고 있기 때문이란다. 전기 에너지는 힘을 내는 능력이 있기 때문에 냉장고 속의 모터를 돌릴 수

있지. 모터가 냉장고 속에 있는 프레온 가스를 돌리면, 이 가스는 물질을 차갑게 만든단다. 냉장고에서 물이 얼음이 되는 이유는 가스의 작용 때문이지.
아들: 아, 그렇구나. 이제 알겠어요.

이때 아빠가 어느 정도 전기에 대한 지식이 있다면 아이와의 대화 내용은 더욱 풍성해질 것이다. 만약 전기에 대한 지식이 없으면 유대인 부모는 전문가를 찾아가보도록 하거나 아이 수준에 맞는 책을 찾아준다.
이렇게 유대인 아이들은 가정에서부터 자유롭게 질문과 토론을 통하여 궁금증을 풀어 나간다.

아이에게 감당하기 어려운 과제를 맡겨보자

유대인 부모는 실생활에서뿐만 아니라, 의지력과 판단력 등을 길러주기 위해 아이들이 어느 정도 컸다 싶으면 감당하기 어려운 일이나 과제를 맡긴다. 혼자 힘으로 해결하기에 벅찬 과제를 처음 접하는 아이들은 불평하며 도저히 자기는 못하겠다고 한다. 그럴 때 부모는 아이에게 머리를 쓰라고 충고한다. 잘 생각해보면 답이 있다고 격려하며 자신감을 갖도록 응원해준다.

그러면 처음에는 난감해하며 투덜거리던 아이도 형이나 누나를 찾아가 도움을 구해보거나, 그들이 힘이 되어주지 못하면 학교 선생님, 할아버지 또는 랍비를 찾아간다.

랍비는 지혜로운 말로 아이가 과제를 수행할 수 있도록 넌지시 힌트를 준다. 랍비가 주는 힌트는 대개 어떤 책을 찾아보거나, 『탈무드』에 나온 이야기를 잘 생각해보라는 것이다. 그러면 아이는 진지하게 『탈무드』를 공부하며 조금씩 부모가 준 과제를 하나하나 풀어나간다.

물론 아이가 그 일에 실패할 수도 있다. 하지만 그들은 아이가 최선을 다했다면 문제 해결을 위한 노력의 과정을 높이 평가하고 칭찬해준다. 그리고 다음 기회에 더 잘할 수 있도록 격려하는 것도 잊지 않는다.

흔히 우리나라 부모는 아이가 조그만 어려움에 빠져도 쉽게 놀라며 빨리 그 상황에서 아이를 건져내주려고 한다. 물론 자녀를 사랑하기 때문에 안타까운 마음에서 그렇게 하는 것이지만, 그런 식의 개입은 결코 아이 인생에 도움이 되지 않는다. 아이들은 누구나 어떤 문제에 부딪히면 처음에는 힘들어할 수 있다. 그렇다 하더라도 아이가 그것을 스스로 해결하고 극복해 내는 훈련을 해야만 독립적인 인격체로 성장할 수 있다.

우리 아이가 세상 어느 곳에서도 당당하고 꿋꿋하게 설 수 있게 하려면 부모는 다소 답답하고 힘이 들더라도 아이가 스스로 문제를 해결해가는 과정을 묵묵히 지켜봐줄 줄 알아야 한다. 부모가 아이의 인생을 대신 살아줄 수는 없으니까.

03 인생을 성공으로 이끄는 자존감을 세워주어라

자존감이란 무엇인가?

유대인들은 자녀의 자존감을 세워주고 꿈을 찾도록 도와주는 것을 부모의 최우선 과제로 삼는다. 자존감이란, 자기 자신의 가치를 정확히 알고 소중히 여기는 긍정적인 태도와 자기 자신과 타인에 대한 믿음을 말한다. 자존감이 높다는 것은 곧 시련을 만났을 때 흔들리지 않고 이겨 낼 수 있도록 버텨주는 튼튼한 뿌리가 마음 한가운데 중심을 잡고 서 있다는 것을 의미한다.

유대인은 아이들에게 절대 흔들리지 않는 자존감이라는 소중한 선물을 부모가 전수해주어야 한다는 것을 잘 알고 있다. 그래서 자녀들이 어떤 성향을 띠고 있든지 어떤 결정을 내리든지 아

이의 결정을 믿고 격려해준다.

　유대인 부모가 자녀의 자존감을 세워주기 위해서 노력하는 것은 무엇보다 자녀를 자신의 소유물이 아닌 하나의 인격체로 보기 때문이다. 그들은 자녀가 어려서 지식과 경험이 부족하다고 해도 부모라는 권위로 아이의 의견을 무시하지 않는다. 대신 토론을 통해 서로의 생각에 귀 기울이려고 노력한다.

　실제로 유대인 부모는 아이가 제대로 하는 것이 별로 없다고 해도 '자녀가 얼마나 소중한 존재인지'에만 관심을 두고 양육한다. 그리고 항상 "너는 참 좋은 아이야, 네 있는 모습 그대로를 사랑한단다"와 같이 칭찬과 격려의 말로 아이 스스로 자기를 소중히 여기는 마음을 갖도록 해준다. 또한 아이들에게 "너는 무엇을 해야 한다", "무엇이 되어야 한다"라고 강요하지 않는다. 공부 잘하라는 말은 아예 입도 뻥끗하지 않는다. 다만 아이들 스스로 자신의 능력과 적성을 찾도록 도와주기 위해 노력한다.

부모의 따뜻한 말 한마디가 자존감을 키워준다

반면에 우리나라 부모는 일찍부터 아이의 재능과는 상관없이 일방적으로 목표를 정해주고 부모의 말을 따르라고 한다. 아이들 중에는 부모가 정해준 대로 잘 따라오는 아이도 있지만, 대부분은 마지못해 수동적으로 부모의 요구에 따른다. 심지어 어떤 부모는 아이의 감독자가 되어 목표에 미치지 못했다고 윽박지르곤 한다. 그러다 보면 아이는 자신이 무능한 사람이라는 생각이 들어 차츰 열등감에 빠질 수밖에 없게 된다.

하버드대 교육대학원 교수인 조세핀 킴 박사는 지난 2007년 버지니아 공대 총격 사건의 주범인 조승희의 범행 동기를 자존감의 결핍에서 찾았다. 가정에서부터 제대로 자존감을 형성하지 못한 조승희는 학교생활이나 친구들과의 관계에서 심한 차별을 당해야 했다. 게다가 깊은 문화적 차이를 극복하지 못해 몸과 마음이 병들어갔다. 그 과정에서 그는 모든 것을 부정적인 눈으로 보게 되었고, 우울증과 과대망상증에 시달리다가 결국 극단적인 선택을 하고 말았다.

자존감은 기본적으로 자신을 존중하는 마음이 있어야 높아진다. 자존감이 높은 아이는 스스로를 소중하다고 여긴다. 스스로를 소중하게 여기는 마음은 곧 행복감으로 연결된다. 그런데 우리나라 아이들의 '주관적 행복지수'는 2009년부터 2011년까지 3년 연속 OECD 국가 중 세계 최하위를 기록했다. 그래서인지 우리 주변의 아이들을 보면 행복해 보이기보다는 현실에 대한 좌절감과 불만이 머리끝까지 차 있다는 느낌을 받을 때가 종종 있다.

아이의 행복한 미래를 원한다면 아이의 자존감은 부모가 키워주어야 한다. 자녀가 진정으로 행복하길 바란다면 아이의 마음에 공감해주고 격려해보자. 격려의 말 한마디가 아이의 무너진 자존감을 다시 세우는 첫 단추가 될 것이다.

04 아이큐에 상관없이 노력하면 성공할 수 있음을 가르쳐라

유대인은 천성적으로 머리가 좋을까?

유대인에 대한 이야기가 나오면 사람들은 공통적으로 '유대인은 머리가 좋다'라고 말한다. 아인슈타인, 프로이트를 비롯해서 미국의 국무장관을 지낸 키신저와 올브라이트, 페이스북을 만든 마크 주커버그, 구글의 두 청년 창업자 세르게이 브린과 래리 페이지, 영화 〈ET〉와 〈쉰들러 리스트〉를 만든 영화감독 스티븐 스필버그, 〈레옹〉과 〈블랙 스완〉에 출연한 여배우 나탈리 포트만, 투자의 귀재 조지 소로스 등 다양한 분야에서 두각을 나타내고 있는 유대인이 많기 때문일 것이다.

1901년부터 2010년까지 노벨상을 받은 유대인은 181명이고,

그중 이스라엘 국적 노벨상 수상자는 2009년 노벨 화학상을 받은 아다 요나트를 포함해서 모두 10명이다. 유대인 노벨상 수상자는 전체 수상자의 23%를 차지한다. 세계 인구의 0.2%에 불과한 유대인이 각 분야에서 세계 최고의 자리까지 올라갈 수 있는 비결은 무엇일까?

대부분의 사람들은 그 이유를 유대인들의 두뇌가 다른 어느 민족보다 뛰어나기 때문이라고 한다. 그러나 유대인들은 자신들이 태어나면서부터 신에 의해 좋은 두뇌를 부여 받았다고 생각하지 않는다. 다만, 그들은 어려서부터 유대식 교육을 받고 자랐기 때문에 다른 민족보다 더 뛰어난 능력을 소유할 수 있었다고 말한다.

유대인 부모는 아이가 무엇에 관심과 흥미가 있는지, 어떤 분야에 특별한 재능이 있는지 주의 깊게 살피면서 아이를 지도한다. 그들은 아이에게 많은 것을 경험하게 하고 그 경험을 통해 아이가 폭넓게 창의적으로 사고할 수 있도록 배려해야 한다고 믿는다.

따라서 무조건 아이에게 공부 잘하라고 강요하지 않는다. 물론 공부를 잘하면 좋긴 하겠지만, 그보다는 아이의 관심사와 창의성 그리고 잠재력을 키워주는 데 주안점을 둔다.

아이큐보다는 환경이 중요하다

유대인 평균 IQ가 얼마나 될까? 놀랍게도 95(세계 26위)밖에 되지 않는다. 반면에 한국인은 평균 IQ가 106으로 세계 2위에 올라 있다. 그런데 왜 우리나라에는 유대인만큼 세계적으로 두각을 나타내는 인재가 많지 않을까?

그것은 교육환경의 차이 때문이다. 유대인들만큼 자녀의 양육환경과 교육환경을 중요시하는 민족도 없다. 그들은 가능한 한 자녀들에게 일방적으로 가르치려고 하지 않고 아이들에게 학습에 대한 부담감을 느끼지 않도록 스스로 무엇인가를 생각하고 연구하는 일에 흥미를 갖게 한다.

그리고 유대인들은 아이들에게 의문점이 있으면 함께 모여 토론하고 책을 찾아 읽으며 배우도록 한다. 의문에 대한 답을 찾아가는 과정을 반복하며 자란 아이들은 어떤 상황에 처해도 여러 가지 방법으로 문제를 적극적으로 해결해 나간다. 문제를 두려워하지 않고 오히려 정면으로 돌파해 나간다.

유대인은 아이들에게 지식 자체를 가르치기보다는 지식을 얻는 방법을 가르치기 위해 노력한다. 유대인에게는 오래전부터 이런 속담이 전해져 내려온다.

'물고기 한 마리를 주면 하루를 살지만, 물고기 잡는 방법을 가르쳐주면 일생을 살 수 있다.'

이 속담에서 '물고기'를 '지식'으로 대입해보면, 유대인의 자녀교육의 핵심을 이해할 수 있다. 즉, 유대인들은 아이에게 학문을 가르치는 것이 아니라 그것을 배우고 익혀서 자기만의 것으로 만드는 방법을 가르치는 것이 어른의 역할이라고 믿고 있다.

05 배를 만들게 하려면 먼저 바다를 보여주어라

유대인과 한국인의 교육열의 공통점과 차이점

유대인과 한국인은 몇 가지 면에서 공통점이 있다. 명석한 두뇌, 부지런함, 강인한 생활력 등. 또 두 민족 모두 교육열이 높고 어머니들이 자녀교육을 위해 헌신하기로 유명하다. 그러나 교육열이 남다른 이유에는 다소 차이점이 있다.

우리나라 부모는 내 자식만큼은 나보다 더 나은 삶을 살기를 바라는 마음으로 온갖 어려움을 마다하지 않고 자녀교육에 올인한다. 자녀를 좋은 학교에 보내기 위해 유명학원이 몰려 있는 명문 학군으로 이사하는 맹모삼천을 실천하며, 경제적으로 풍족하지 않은 환경 속에서 '개천에서 용 난다'는 말을 믿고 자녀교육에 온 힘을 쏟는다.

이런 부모 밑에서 자라는 아이들 중 대부분은 부모의 삶과는 다른 삶, 부모가 간절히 바라는 삶을 목표로 삼고 부모를 실망시키지 않으려고 공부한다. 이렇게 수동적으로 공부하다 보면 학습능률은 떨어지기 마련이다. 국가별 청소년 학습시간을 조사한 결과 우리나라 청소년은 OECD 다른 국가에 비해 공부시간만 2시간 더 많을 뿐 학업 성취도에 있어서는 별 차이가 없는 것으로 드러났다. 오히려 공부에 대한 스트레스로 인해 자아 정체성에 혼란이 오거나 우울증에 걸려 자살이라는 막다른 길을 선택하는 아이들이 늘어나고 있다.

유대인 부모는 어떤가.

유대인들은 아이를 키우면서 '엘라딤, 제 씸하트 하임!'이란 말을 무척 많이 한다. 히브리어로 '아이들은 삶의 기쁨'이란 뜻이다. 유대인 부모는 이렇게 소중한 아이가 행복한 인생을 살아갈 수 있도록 할 수 있는 모든 노력을 아끼지 않는다. 그럼에도 유대인 부모는 아이에게 부모가 기대하는 것이 무엇인지 좀처럼 노골적으로 표현하지 않는다. 자녀에게 필요 이상의 부담감을 주지 않기 위해서이기도 하지만 자녀의 삶은 자녀의 것으로 생각하기 때문이다.

아이에게 현실적인 목표를 세워주는 유대인 부모

유대인 부모는 자신이 구두 수선공일지라도 자기 아이에게는 기름때를 묻히고 살게 할 수 없다며, 사회적으로 성공하라고 강요하지 않는다. 대신 자녀에게 구두 수선하는 일보다는 조금 더 나은 직업을 가질 수 있도록 노력해보라고 이야기한다. 그래서 유대인 아이들은 자기가 하고 싶은 일, 좋아하는 일을 중심으로 자신의 꿈을 구체적으로 설계해 간다.

"구두를 수선하는 사람들이 겪는 부당한 대우를 없애기 위해 저는 법을 공부해 보겠어요."

"저는 수선보다는 새로운 걸 만드는 일이 더 재미있어요. 가죽으로 멋진 구두와 예쁜 가방을 만드는 회사를 차리고 싶어요."

유대인 아이들은 이런 식으로 목표를 세우고 현실을 직시하면서 실현 가능한 자기만의 꿈을 목표로 정한다. 유대인 부모는 아이에게 허황된 꿈이 아닌 현실적인 꿈을 가지라고 조언한다. 또한 아이에게 현재보다 더 나은 삶과 더불어 가족이 함께 행복한 삶을 사는 것이 가장 중요하다고 가르친다.

프랑스의 동화작가 생 텍쥐베리는 '배를 만들게 하려면 먼저 바다를 보여주어라'라고 말했다. 그런데 유대인 부모는 아이에게 바다를 보여주기 전에 그들이 먼저 바다를 본다. 그리고 그들이 본 바다를 아이에게 자세히 설명해 준다. 이렇게 그들은 '아이를 용으로 키우기 전에 먼저 바다를 보여주라. 그리고 부모가 먼저 바다를 바라보라'라는 유대인의 오래된 격언을 실천하고 있다.

유대인은 아이에게 부모가 살고 있는 세상을 있는 그대로 보여준다. 부모가 그 세상을 살아가기 위해 어떤 선택을 했으며 어떤 과정을 거쳤는지를 알려주는 것을 무엇보다 가치 있는 일로 여기기 때문이다. 이런 부모의 가르침 속에서 자라는 아이들은 자신만의 바다를 만나고 소중한 꿈을 펼쳐 나간다.

06 시련에 맞서 당당히 이겨내는 아이로 키워라

바위처럼 강인한 아이로 키워라

이스라엘의 역사가 순탄치 않았다는 것은 누구나 다 아는 사실이다. 과거의 역경과 치욕적 역사가 다시 반복되지 않게 하려고, 오늘날에도 그들은 부지런히 힘을 기르고 실력을 쌓기 위해 노력하고 있다. 그래서 유대인은 자식을 교육시킬 때도 나라와 민족을 지키기 위해 강인하게 키워야 한다고 믿는다.

유대인은 아이를 강인하게 키우기 위해 어릴 때부터 혹독하게 대한다. 어린아이에게는 과중한 심부름을 일부러 찾아 시키기도 한다. 한 번도 편지를 부쳐본 적이 없는 아이에게 우체국에 가서 외국에 물건을 택배로 보내고 오라는 심부름도 시킨다.

내용물이 무거워서 아이 혼자 들 수 없다 하더라도 결코 도와주지 않는다. 대신 아이 스스로 해결 방법을 찾도록 유도한다. 처음에는 당황해서 어쩔 줄 몰라 하던 아이도 부모의 말에 따라 어떻게 하면 물건을 외국으로 보낼 수 있을까 하고 깊이 생각하게 된다. 외국으로 부칠 물건이 크고 너무 무거워서 혼자 들 수 없을 때는 친구나 형에게 부탁하여 함께 옮길 수 있도록 스스로 방법을 찾아낸다.

　유대인 부모는 학교나 유치원에서 가는 1박 2일 여행에 적극적으로 아이를 참여하게 한다든가, 캠프를 보낸다든가 또는 외가나 친척 집을 혼자서 방문하게도 한다. 멀리 보내는 심부름이나 혼자 가는 여행길을 부모가 자세히 설명해주고 시간 계산도 해주기는 하지만 아이에게는 그것이 새로운 모험이자 도전인 것은 확실하다.

　유대인 부모는 아이가 여행이나 심부름을 하는 과정에서 겪을 흥분이나 불안감 혹은 타인과의 만남 등의 경험이, 아이에게 무엇보다도 큰 마음의 재산이 될 것이라고 믿는다. 그런 과정에서 아이는 자기 앞에 놓인 문제를 차근차근 해결해

나가는 힘을 얻게 된다고 생각한다.

독립심을 길러주는 유대인의 자녀교육

유대인은 아이에게 독립심을 길러주기 위해서도 각별한 노력을 아끼지 않는다. 버스 한두 정류장 거리의 친구 집 정도는 대여섯 살 때부터 혼자 가도록 내버려둔다. 글자도 못 읽는 아이들이 버스표를 쥔 조막손을 운전사에게 내미는 풍경을 이스라엘에서는 쉽게 볼 수 있다.

맞벌이하는 부모들은 집 열쇠를 목걸이에 걸어 아이의 목에 걸어준다. 부모가 집으로 돌아오기 전에 유치원을 마치고 돌아온 아이가 혼자서 문을 따고 집에 들어가게 하기 위해서다. 아이는 혼자 집을 보면서 여행이나 심부름을 혼자 가는 것 이상으로 빈 집을 잘 지키고 어린 동생을 잘 보호해야 한다는 책임감을 느끼게 된다.

그들의 이런 교육 태도는 어린아이에게 너무 가혹하다는 생각이 들 정도지만 유대인 부모는 어려서부터 힘들고 고달픈 상황에 처해보는 것이 아이를 진정으로 위하는 길이라고 생각한다. 무엇이든 몸으로 부딪쳐보게 하고 스스로 극복하게 하자는 생각인 것이다. 유대인 아이들은 이런 환경에 익숙해 있기 때문에 아무리 어려운 일을 맡았다고 해도 그것을 하지 않겠다고 떼를 쓰거나 미루는 일이 별로 없다.

유대인은 "어둠이 지나면 빛이 찾아오듯이 시간이 가면, 때가 되면 모든 것은 해결된다"라고 입버릇처럼 말한다. 이 말은 그저 되는 대로 되라 하며 모든 것을 운명론으로 돌리는 생각에서 나온 말이 아니다. 그 말 속에는 어둠이 물러나고 빛이 찾아드는 아침을 맞이하기 위해서는 언제나 준비하면서 그때를 기다려야 한다는 의미가 담겨 있다.

유대인 부모는 강인한 사람이 되기 위해서는 무엇보다 마음이 당당하고 희망에 차 있어야 한다고 생각한다. 그래서 아이들에게 "넌 잘해낼 수 있다"라고 말해주면서 희망과 자신감을 가슴속에 불어넣어준다.

희망과 자신감이 가슴 밑바닥에 자리 잡은 유대인 아이들은 어떤 어려움 앞에서도 포기하지 않고 난관을 용기 있게 극복해가는 강인한 사람으로 성장한다.

07 유치원 때부터 공동체 의식을 가르쳐라

어릴 때부터 공동체 의식을 심어주어라

이스라엘의 유치원에서는 그림 그리기 시간이나 놀이 시간에 네다섯 명의 아이들이 한 탁자에 둘러앉아 수업에 참여한다. 이렇게 모둠별로 활동하게 하는 것은 경쟁심이 아닌 협동심을 키워주기 위해서이다.

우리나라 아이들은 어려서부터 자신이 속해 있는 그룹에서 살아남아야 한다는 강박관념으로 인해 서로에 대해 배타적이고 경쟁적이다. 그래서 대부분의 아이들은 서로 협동을 하면서 다른 아이들과 함께 힘을 합하여 하는 활동에 매우 미숙하다. 때때로 그룹으로 하는 활동과제가 주어져도 한두 명의 아이들이 주도하고 나머지 아이들은 들러리를 설 뿐인 경우가 대부분이다.

 이에 비하여 유대인 아이들은 몇 명의 아이들이 그룹을 이루어 서로 도와주고 격려하며 공동 목표를 향해 나아가는 것을 경험하며 자라난다. 유대인 아이들은 소그룹에 속한 다른 아이들과 함께 놀이나 만들기, 연극 등을 하면서 스스로 그룹의 중요성을 깨닫는다. 자유놀이 시간에도 모래놀이나 소꿉놀이, 책 읽기, 블록 쌓기 등 여러 파트로 나뉘어 스스로 원하는 놀이를 하지만, 하나의 놀이에 네다섯 명 이상이 함께 노는 경우는 거의 없다. 이처럼 학습활동이든 놀이든 네다섯 명으로 인원수를 제한하는 것은 협동해서 일하거나 놀이를 할 수 있는 숫자로는 그 정도가 적당하다고 생각하기 때문이다.

 내가 이스라엘에서 공부할 때 만났던 한 유치원 교사는 이렇

게 말했다.

"같은 또래 속에서 얻어진 아이들의 협동심은 자연히 애국심으로 이어진다고 볼 수 있습니다. 그리고 그룹을 통해서 규율과 질서를 익히게 됩니다."

그 교사의 설명처럼 유대인 아이들은 그룹의 구성원들을 자신의 경쟁상대로 여기기보다 서로가 서로에게 힘이 되어주는 협동의 상대로 여기고, 그런 협동심이 나라를 지키고 발전시키는 원동력이라는 것을 깨달으며 자란다. 소규모 집단 속에서 남과 함께 잘 지내면서 학교나 단체 생활도 무리 없이 터득하게 되는 것이다.

유대인은 평생 서로 도우며 살아간다

협동심을 발휘하게 하는 교육은 유치원에서 그치는 것이 아니라 초중고를 거쳐 대학으로까지 이어진다. 이스라엘의 대학 과정은 과제가 너무 많고 어려워서 친구들과 협동하여 공부하지 않으면 따라갈 수 없게 되어 있다.

예를 들면 한 과목의 시험을 준비하려면 호흡이 맞는 몇몇 학생끼리 한 조가 되어 조직적으로 공부해야 한다. 몇 명의 학생이 모여 많은 분량의 교재를 몇 페이지씩 분담하여 각자 익힌 뒤 공부한 것을 정리하고, 다음 발표회 때 각자 준비한 요약 노트를 교환한다. 개인이 분담받은 부분에 대해 철저히 공부하고 조사하지 않으면 그룹 전체가 우수한 성적을 얻기는커녕 낙제를 면하기 어렵다. 그래서 다른 조원에게 피해를 주지 않기 위해서라도 최선을 다해 자기에게 주어진 과제를 성실해 수행한다.

이와 같이 이스라엘에서는 유치원에서부터 대학교에 이르기까지 서로 협동하지 않으면, 학생의 신분을 지키기 힘들 정도로 서로 도움을 주고받으며 살아가는 분위기가 조성되어 있다.

08 싸블라누트! 인내심을 가지고 아이를 키워라

싸블라누트? 싸블라누트!

"정말 뚜껑 열려요. 시험 보러 가는데 집에 수험표를 두고 왔지 뭐예요. 집에서 떠나기 전에는 잘 챙겼다고 하더니만……. 시험 보러 가는데 야단칠 수도 없고 어쩌겠어요. 꾹 참았죠."

"학교에 늦을 것 같은데도 매일 아침 머리를 감고 매만져요. 하루를 시작하는 아침부터 큰소리 낼 수 없어 숨을 크게 한 번 쉰 다음 웃는 얼굴로 이렇게 말하죠. '머리에 신경 안 써도 무지하게 예쁘니까 얼른 가세요!' 정말 뒷골이 당겨 견디기 어려울 때가 많아요."

"아, 글쎄 야단치다 화가 나서 나가라고 했더니 정말로 집을 나가서는 오후 내내 연락이 안 되지 뭐예요. 절대 나가라는 말을 해서는 안 돼요. 연락이 안 되니까 그 말을 했던 게 어찌나 후회되던지……."

남자들이 모여 앉으면 군대 이야기를 하듯이 서로 허물없이 친하게 지내는 엄마들끼리 모이면 아이들 키우면서 겪는 이런저런 일들을 이야기한다. 아이들 자랑뿐 아니라 아무리 참으려고 해도 도저히 참을 수 없이 힘들었던 순간들에 대해 솔직하게 털어놓는다. 각자 비슷한 경험을 이야기하며 위로도 받고 앞으로 겪게 될지도 모르는 일에 대해 마음의 준비를 하기도 한다.

유대인 엄마들 역시 자녀 양육을 힘들어 한다. 그러나 그들은 아무리 힘들어도 평상심을 잃지 않고 자녀와의 관계를 올바른 방향으로 이끌어간다. 그 비결은 무엇일까?

나는 그것을 '싸블라누트(סבלנות)'란 말에서 찾았다. 이 말은 이스라엘의 가정, 학교, 회사, 시장, 길거리에서 가장 많이 들을 수 있는 단어다.

"학생 여러분. 싸블라누트, 이제 잠시 후에 연극이 시작됩니다."(웅성웅성 떠드는 학생들에게 교사가 하는 말)

"미리암, 싸블라누트. 엄마가 지금 우유를 데우는 중이니까 곧 코코아 타줄게."(코코아를 빨리 마시고 싶다고 칭얼대는 아이에게 엄마가 하는 말)

"손님, 순서대로 물건을 드리는 중입니다. 싸블라누트."(자기가 산 물건을 빨리 달라고 재촉하는 손님에게 상점 주인이 하는 말)

"코헨 부장님, 싸블라누트! 자 이젠 제 의견을 들어보세요." (상대방의 의견은 들으려 하지 않고 자신의 말만 하려고 하는 상사에게 직원이 하는 말)

싸블라누트란, '인내심'이란 뜻이다. 이 말은 유대인 아이들이 자라면서 부모에게 가장 많이 듣는 단어로 히브리어로 '고난', '고통'을 의미하는 '쩨벨'에서 나왔다. '인내심'의 어원이 '고난'에서 나왔다는 것은 유대인들이 고난을 당하더라도 낙망하거나 포기하지 않고 그것을 극복해왔다는 것을 의미한다. 그래서 아이를 키울 때도 아무리 힘들어도 별로 내색을 하지 않고 '싸블라누트'라고 말하는지도 모르겠다.

부모의 인내를 통해 아이도 인내심을 배운다

누구에게나 어떤 일이든 참고 견디며 기다리는 것이 즐거운 일이기보다는 고통스러운 일임이 틀림없다. 그래도 도저히 마음을 가라앉힐 수 없을 땐 두 눈을 감고 두 손을 잡고 히브리어로 '싸블라누트, 싸블라누트……'라고 주문을 외우듯 중얼거려보자.

이스라엘에서는 교실에서 학생들이 떠들 때도 교사들이 "조용히 해, 떠들지 마라"라고 이야기하기보다는 "싸블라누트, 학생들, 인내심을 가지세요"라고 말한다. 이렇게 싸블라누트는 "해라, 하지 마라"라는 말보다 훨씬 듣기 좋고 덜 강압적이면서 스스로 '잘 참고 견뎌야지, 기다려야지'라는 생각을 하게 하는 말이다.

주변에서 아이들과 사이가 좋지 않은 부모들을 종종 보게 된다. 그들 중에는 인내심이 부족해 아이를 기다려주지 못하는 부모, 아이를 본인 마음대로 하려는 부모, 아이들의 의견을 존중하지 않는 부모, 아이와 대화가 부족한 부모가 대다수이다.

부모가 인내하면 아이와의 관계는 저절로 좋아진다. 기다려주고, 내 맘대로 하고 싶은 욕심을 자제하고, 아이의 의견을 충분히 듣고, 이야기를 나누며 인내하는 부모가 되려고 노력해보자. 그러면 아이들이 먼저 "우리 엄마가 달라졌어요, 우리 아빠가 달라졌어요"라며 더 가까이 다가올 것이다.

작은 고통을 통해 작은 인내를, 큰 고통을 통해 큰 인내를 배운다. 참다운 인내는 참을 수 있는 것을 참는 것이 아니라 참을 수 없는 것을 참아내는 것 아닐까.

09 인생의 좌표가 될 만한 역할모델을 찾아주어라

자녀는 부모의 거울이다

유대인 자녀교육의 특징은 억지로 아이들에게 따라 하기를 강요하는 것이 아니라, 아이가 부모를 보고 스스로 따라 하도록 부모가 모범을 보이는 데 있다. '자녀는 부모의 거울'이라는 말이 있듯이, 아이들은 그들의 삶에 부모의 모습을 반영하는 것을 잘 알고 있기 때문이다.

대부분의 아이들과 마찬가지로 유대인 아이들도 이 세상에서 부모를 첫 번째 역할모델로 삼는다. 자녀교육을 중요시하는 유대인 부모는 자신들의 행동 하나하나를 아이들이 모두 지켜보고 있다는 것을 알고 있기 때문에 가능하면 신중하게 행동하려고 노력한다.

그들은 자녀들에게 책을 가까이하고 책을 읽는 습관을 길러주기 위해 늘 자기 전에 이야기를 읽어주고, 서점에 가서 좋은 책을 함께 고르고, 아이가 읽고 있는 책에 대해 관심을 기울인다. 부모에게 효도하고 다른 사람에게 봉사하는 마음을 갖도록 명절이나 주말마다 아이와 함께 할아버지 할머니 댁을 방문하고, 어려운 사람들을 후원하고 자원봉사를 한다.

이런 부모의 모습을 보며 자란 아이들은 차츰 부모의 가치관이나 삶의 태도는 물론 부모가 어떤 삶을 살고 있는지 마음으로 되새기고 그 모습을 따르게 된다.

부모의 일거수일투족이 모두 자녀에게 큰 영향을 미친다는 것을 잘 아는 유대인 부모는 아이들 앞에서 잘못된 행동을 했을 때는 곧바로 사과하고 잘못을 인정한다. 예를 들어, 아이와 함께 길을 가다가 건널목에서 건너지 않고 어쩔 수 없이 무단횡단을 한 경우, "엄마가 이렇게 한 건 정말 잘못한 거야. 다음부터는 엄마도 이렇게 하지 않을게. 너도 이렇게 해선 안 된다"라고 가르친다. 그리고 아이들이 부모의 말이 아닌 행동을 보고 자란다는 것을 기억하고 실제로 잘못된 행동을 반복하지 않으려고 노력한다.

아이에게 역할모델을 찾아주자

유대인 부모는 아이들에게 평상시에 식사하는 자리나 휴식을 취할 때 훌륭한 인물에 대해서 이야기해주고, 아이가 흥미를 보이면 그에 관한 책을 읽게 한다. 그리고 명절에 가족들이 함께 모여 이야기를 나눌 때에는 부모뿐만 아니라 할아버지와 할머니가 아이들에게 훌륭한 유대인 조상이나 인물에 대해서 재미있는 이야기를 들려준다. 그런 인물 중에는 아인슈타인, 프로이트, 키신저, 토마스 만, 앨빈 토플러, 샤갈, 레너드 번스타인, 스피노자, 폴 새무엘슨 등 정치, 경제, 사회, 문화 여러 방면에서 활약하는 사람들이 포함되어 있다.

그중에서 가장 오래도록 존경받는 인물은 단연 이스라엘의 2대 왕 다윗이다. 돌팔매로 거인 골리앗을 쓰러뜨린 다윗의 용기와 기백은 '다윗은 이스라엘 왕, 살아 존재한다'라는 노래로 지금도 구전되어 유대인들에게 기억되고 있다.

유대인들은 다윗 왕이 하느님 마음에 합한 사람, 하느님 마음에 드는 사람이었다는 것을 잘 알고 있다. 다윗 왕의 용기와 담대함뿐 아니라 그의 순수한 믿음, 하느님께 기도하는 모습을 성서나 부모의 이야기를 통해 들으면서 자랐기 때문이다.

아이들은 이런 위대한 인물들의 일화나 업적, 성품을 접하면서 마음속으로 그런 인물을 내면화한다. 그런 경험을 통해서 아이들

은 자신만의 인생 역할모델을 정하고 그 인물처럼 되기 위해 더욱 열심히 공부하고 노력한다.

유대인이 자녀에게 역할모델을 가지라고 그토록 강조하는 또 다른 중요한 이유는 아이가 위기상황에 처했을 때 용기를 잃지 않고 그 상황을 슬기롭게 극복할 수 있도록 해주기 위함이다. 그래서 자녀가 제대로 된 역할모델을 찾았다고 생각하면 유대인 부모는 그 인물에 관한 책이나 영화, 다큐멘터리 등의 자료를 선물하고, 그에 대해 더욱 심층적으로 알아볼 것을 권유한다. 아이들은 그런 자료를 통해 자신의 모델로 삼고 있는 인물이 어떻게 인생을 살았고, 위기에 처했을 때 어떤 방식으로 난관을 헤쳐나갔는지를 배우게 된다.

간혹 아이들의 모습 속에서 나의 잘못된 점을 발견하고 놀란 적은 없는가? 자녀를 통해 부모는 자신의 참모습을 본다. 우리의 자녀가 올바로 성장하고 위기에도 강한 아이가 되기를 원한다면 먼저 우리 자신이 그런 부모가 되어야 한다.

Chapter 2

창의력이 넘치는 아이가 세상을 변화시킨다

10 인생을 성공으로 이끄는 질문의 힘을 키워주어라

선생님께 질문을 많이 해라 VS 선생님 말씀 잘 들어라

"선생님께 질문을 많이 해라."

유대인 부모들이 학교나 유치원에 가는 아이들에게 가장 많이 하는 말이다. 그리고 아이가 돌아오면 "오늘은 무슨 질문을 했니?"부터 묻는다. 우리나라 부모였다면 유치원에 갈 때 "선생님 말씀 잘 들어라"라고 말하고 유치원에서 집에 오면 "오늘은 무얼 배웠니?"라고 물을 것이다.

언뜻 보기에는 별다른 차이가 없는 것 같지만, 자세히 살펴보면 여기에는 실로 커다란 차이가 있다. 배우는 것은 일방적이고 수동적이다. 하지만 질문을 한다는 것은 수업에 적극적으로 참여하고 능동적으로 학습한다는 것을 의미한다. 『탈무드』에 이런 말이 있다.

"더 좋은 질문은 더 좋은 대답을 얻는다."

실제로 아이들은 선생님에게 배우는 내용을 일방적으로 받아들이는 것이 아니라 자기 생각을 가지고 질문을 할 때 더 나은 대답을 들을 수 있다.

그래서 유대인 부모는 아이들에게 "선생님 말씀을 잘 듣거라"라고 말하기보다는 "모르는 것이 있으면 선생님께 여쭤봐라. 네 생각을 분명하게 이야기해라"라고 강조하는 것이다. 말을 잘 듣는 착한 아이, 시키는 대로 잘 따라 하는 아이가 나중에 커서 훌륭한 어른이 된다고 생각하지 않기 때문이다.

아이의 말수가 적으면 유대인 부모는 사회성이 부족하거나 성격이 너무 내성적이거나 뭔가 문제가 있는 것으로 판단한다. 그래서 이스라엘에서는 말없이 조용한 아이는 선생님들의 '특별 관심 대상'이 된다.

만약 "댁의 아이는 어쩌면 그렇게 조용하고 착할 수 있어요?", "댁의 아이는

어쩌면 그렇게 말을 잘 듣지요?"라는 우리 식의 칭찬을 듣는다면 유대인 부모는 그날 밤 걱정이 되어 아마도 잠을 제대로 잘 수 없을 것이다. 그들에게 그런 칭찬은 '당신 아이는 말 잘 듣는 바보'라는 말로 들리기 때문이다.

5천 년 전부터 유대인에게 전해져 내려오는 성전 『탈무드』는 이런 가르침을 준다.

"교사는 혼자 지껄여서는 안 된다. 만일 학생들이 말없이 듣고만 있으면 많은 앵무새를 길러 내게 되기 때문이다. 교사가 말을 하면 학생들은 그것에 대해 질문을 던져야 한다. 교사와 학생이 주고받는 대화가 활발하면 활발할수록 교육의 효과는 높아진다."

이로 보건대 유대인의 아동 교육의 핵심은 모든 가르침을 질문을 통해 대화와 토론으로 풀어나가는 것이라는 것을 알 수 있다. 대화로 풀어나가는 수업을 주도하는 것은 교사가 아니라 바로 아이들이다.

어렸을 때부터 질문의 중요성을 가르쳐라

유아원, 유치원 교육에 공통으로 들어가는 내용이 있다. 바로 '양탄자 수업'이다. 이 시간에 아이들은 양탄자 위에 둥그렇게 모여 앉아 교사가 읽어주는 책이나 주제에 대해 서로 의견을 나누고 선생님께 질문한다.

교사들은 아이들이 질문에 대해 자신의 생각을 분명하게 이야기하고 그것을 사람들 앞에서 조리 있게 발표하는 훈련을 어려서부터 해야 한다고 생각한다. 그래서 교사들은 아이들이 단 한마디라도 대화와 토론에 참여하도록 유도하고 어렵게 말문을 열고 참여한 아이들을 칭찬하고 격려해준다.

자신의 의견을 말하는 것이 아직 서툰 아이들에게는 주어진 주제에 대해 질문할 내용을 준비해 와서 토론에 참여하라고 가르친다. 그리고 아이들이 자신의 의견을 발표하거나 질문할 때, 질문에 대해 대답을 할 때, 항상 모든 친구가 잘 알아들을 수 있도록 큰 목소리로 정확하게 말하게 한다. 고개를 숙이거나 몸을 꼬거나 엉덩이를 빼고 금방 어디론가 숨을 듯 수줍은 자세를 하는 아이에게는 그 즉시 주의를 주어 바른 자세로 자신의 의견을 말하도록 가르친다.

오늘날 유대인이 전 세계적으로 두각을 나타내는 이유 중 하나가 질문의 힘을 가장 잘 활용했기 때문이다. 유대인 작가로 노벨문학상 후보에 계속 오르고 있는 아모스 오즈도 "끊임없는 질문과 토론, 이것이 오늘날 이스라엘 발전의 원동력이다"라고 했다.

반면에 우리나라 아이들은 대부분 질문하는 것을 두렵게 생각한다. 그 이유는 여러 가지가 있지만 주로 선생님의 가르침을 일방적으로 받아들이는 주입식 교육에 어렸을 때부터 길들여졌기 때문이라고 생각한다. 그러나 '천 리 길도 한 걸음부터'라는 말이 있듯이 유대인 부모처럼 아이들에게 질문의 중요성과 그 방법을 차근차근 가르쳐보자.

이를 위해서는 유대인 부모처럼 평소에 궁금한 점이 생기면 적극적으로 질문하도록 습관을 갖게하고, 아이들의 질문을 귀찮아 하지 않고 가능한 한 최선을 다해 답변해주어야 한다. 이렇게 하면 어느새 아이가 질문을 두려워하지 않고 자신감을 가지고 질문을 하고 토론할 수 아이로 성장하게 될 것이다.

11 아빠의 지혜로운 판단력을 전수해주어라

형제간 다툼의 중재는 아버지의 몫이다

아빠: 달리아, 왜 울고 있니?

달리아: 모세가 귀찮게 해요.

아빠: 어떻게 했는데 그러니?

달리아: 블록을 쌓으면 그걸 자꾸 무너뜨려요.

아빠: 그래? 모세를 불러서 모세 이야기도 들어보자.

모세: 누나는 블록을 쌓을 때 혼자서만 블록을 독차지해요.

달리아: 아니에요. 모세와 함께 블록 쌓기를 하면 자기 마음대로만 하려고 해요. 제가 이렇게 쌓아 올리면 그게 아니라고 자꾸 치워 버려요.

이쯤 되면 어떤 상황인지 가히 짐작된다. 이런 상황이 발생하면 유대인 부모, 특히 아버지들은 왜 싸움이 벌어졌는지 형과 아우, 아이들 각자에게 자기주장을 펼 기회를 준다. 아이들이 자기주장을 내세우며 티격태격해도 유대인 부모는 끝까지 아이들의 이야기를 들어준다.

형제간에 다툼이 벌어질 때 우리나라 부모들은 대개 "동생은 어리니까 형인 네가 참아야지" 하고 말하거나, 동생이 어리다는 이유로 형에게 무조건 양보하라고 윽박지르기도 한다. 하지만 형제간에 갈등이 벌어질 때는 그럴만한 이유가 있는 법이다. 그럼에도 무조건 아이들의 잘잘못을 따지기 전에 부모가 나서서 자녀의 갈등을 무마시킨다면, 자녀는 자녀대로 감정의 골이 깊어지고 부모에 대해서도 반항심을 갖게 될 것이다.

유대인 아버지의 싸움 말리기는 우리와 사뭇 다르다. 그들은 아이들 각자에게 왜 다투게 되었는지 그 상황에 대해 설명하게 하고 상대방의 말을 경청하라고 한 다음 중재를 시작한다.

아빠: 달리아, 모세는 네가 혼자서 블록을 독차지한다는데, 그랬니?
달리아: 처음부터 그런 건 아니에요. 모세가 제가 쌓아 놓은 블록 위에 마음대로 블록을 자꾸 쌓으니까 그랬어요.

아빠: 그렇다고 블록을 주지 않고 너만 가지고 있으려고 한 건 잘못한 거야. 모세에게 블록을 나눠주고 혼자서 블록 쌓기를 하라고 해봤니?

달리아: 아뇨. 제가 쌓아 놓은 블록을 건드리는 게 싫어요.

아빠: 혼자 놀고 싶은데 모세가 옆에 와서 귀찮게 하는 게 싫은 거니?

달리아: 네. 모세는 제가 놀고 있을 때마다 와서 무엇이든 같이 하려고 해요.

아빠: 모세야, 누나와 블록 쌓기를 같이 하고 싶으면 먼저 누나한테 같이 해도 좋은지 물어보도록 해라. 함께 놀 때도 서로에게 방해되지 않도록 해야 다투지 않고 재미있게 놀 수 있는 거란다.

이렇게 유대인 아버지는 합리적인 판결에 앞서 아이들이 서로 소통하도록 한다. 아버지는 아이들이 이해할 수 있도록 하나하나 논리적으로 설명하고 나서 아이들의 생각을 듣는다. 아이들이 스스로 자신의 잘못을 인정하면 서로 화해하도록 한다.

아버지는 공평하고 따뜻한 재판관이다

유대인 아버지의 이런 해결 방법은 가정교육으로 대물림된다. 그래서 그들은 아이 하나하나의 입장을 존중해주면서 한쪽을 일방적으로 편들거나 나무라지 않기 위해 최선을 다한다. 또한, 우격다짐으로 아이들의 다툼을 말리기보다는 시간이 걸리고 귀찮더라도 대화로 갈등을 해결해 나가려고 노력한다. 아버지가 스스로 권위를 내세우지 않고 합리적인 태도로 아이들을 대하면, 아이들은 아버지에게 무조건 굴복하는 것이 아니라 논리적이면서 공평한 판결에 승복하게 된다.

아이들끼리 감정이 격해져 주먹이 오갔을 경우, "사람을 때리고 힘으로 문제를 해결하려는 건 크게 잘못된 일이고 부끄러운 행동이다"라고 따끔하게 가르친다. 어려서부터 무력을 행사하는 일을 수치스럽게 생각해야 한다고 배우기 때문에, 유대인들은 목소리를 높이며 손가락이 코끝까지 올라가긴 해도 주먹을 휘두르는 일은 거의 없다.

    실제로 유대인 아버지는 웬만해선 화를 내거나 큰 소리로 야단치지 않는다. 아이가 잘못하거나 감정이 격앙되어 있더라도 부드러운 태도로 아이의 의견을 들어주고, 객관적인 입장에서 아이가 판단할 수 있도록 지혜로운 말로 아이를 이끌어준다. 처음에 아이들이 감정이 누그러지지 않아 씩씩거리다가도 아버지의 차분한 판결에 대부분 수긍하게 된다.

    아이들끼리 티격태격하는 것은 사소한 문제일 수 있다. 그러나 유대인 아버지는 문제를 공평하고 올바르게 해결해주기 위해서 항상 최선을 다한다. 이 모습을 보고 아이들은 아버지에게서 상대방을 배려하는 마음과 지혜를 배우게 된다.

12 토론의 달인으로 키워라

생활 속에서 토론의 주제를 찾아라

유대인 아이들은 어릴 때부터 대화를 많이 하며 자란다. 아이들은 대화를 통해 자신의 느낌이나 생각을 확실히 표현하고 자신의 생각을 합리적으로 전개해 나간다.

유대인 부모는 아이와 한자리에 앉아 TV를 보거나 이야기를 나눌 때에도 아이들에게 많은 이야기를 하도록 유도한다. 예를 들어 〈백설공주〉라는 만화영화를 같이 보고 있다면 아이 부모는 이런 질문을 한다.

"백설공주가 왜 사과를 먹고 기절했지?"

"마귀할멈은 왜 백설공주를 죽이려고 했을까?"

아이들은 엄마나 아빠의 질문에 자신의 생각을 말한다. 그리고 궁금한 게 있으면 서슴없이 묻는다.

"그런데 독을 먹으면 왜 기절을 하나요?"

부모는 아이의 질문에 당장 답을 해주지 않는다. 대신 아이 스스로 답을 찾아낼 수 있도록 이끌어준다. 다만 아이 스스로 답을 찾아낼 수 없는 경우에만 대답해준다.

유치원에서도 마찬가지다. 유치원 교사는 아이들에게 많은 책을 읽어주고 이야기를 들려준다. 이야기를 다 들려준 다음에는 아이 스스로 생각할 수 있게 질문을 던진다.

"인어공주는 사람일까, 아닐까?"

이렇게 토론을 유도하면 아이들은 어느덧 줄거리를 세워 생각

하는 법을 배우게 된다. 유대인 선생님이 가장 중요하게 여기는 것은 '아이들에게 합리적인 사고 습관을 지니도록 하는 것'이다. 그래서 그들은 아직 어리광부리기 좋아하는 아이들에게조차 토론으로 일관한 '헤부르타식 교육'을 끈기 있게 시켜 나간다.

'헤부르타식 교육'이란 논쟁과 토론을 강조하는 유대인 특유의 교육방식이다. 유대인은 논쟁과 토론 교육만이 아이들의 합리적 사고를 키워주는 가장 확실한 수단이라고 생각한다. 그 생각은 옛날부터 오늘날까지 변함없이 이어져 내려오고 있으며, 오늘날 유대인 유아교육의 뿌리로 자리 잡고 있다.

우리나라를 다녀간 유대인 중에는 우리나라에 있는 동안 가장 고역스러웠던 일 중 하나가 말없이 앉아 있는 침묵의 시간이었다고 대답하는 사람이 많다. 그들은 우리처럼 대화가 자주 끊기고 침묵이 찾아드는 일이 거의 없는데다가 길을 가면서 말 한마디도 하지 않고 묵묵히 걷는 일이 별로 없다. 두 사람만 모여도 열띤 토론을 하는 그들에게는 우리의 그런 모습이 낯설게 보일 수밖에 없었을 것이다.

하면 할수록 즐거워지는 토론식 수업

단 두 사람만 모여도 열심히 토론을 벌이는 그들의 습관이 '유대인 두 명이 모이면 세 가지 의견이 나온다'는 말을 생겨나게 했을 것이다. 이 속담은 논리 싸움을 통해 최선의 결론에 이르는 유대인의 합리성을 잘 보여주는 예라고 할 수 있다.

유대인 유치원 일과 중에는 하루에 30분 정도 교사와 아이들이 그날그날 주제에 대해 열띤 토론을 벌이는 시간이 있다. 그래서 선생님과 아이들이 한곳에 둘러앉아 있는 모습을 쉽게 찾아볼 수 있다.

아이와 선생님이 토론을 벌이는 모습은 마치 작은 국회를 보는 것 같다. 선생님은 토론 주제에 대한 설명을 하고 방향을 잡아줄 뿐 토론은 아이들이 주도해서 이끌어나간다. 선생님은 아이들이 토론하는 모습을 주의 깊게 지켜보다가 토론이 끝난 후 아이들의 의견을 모아 정리한 후 결론을 내려준다.

유대인 아이들도 여느 아이들과 마찬가지로 토론하다가 자신의 의견을 고집하면서 떼를 쓰고 싸우기도 한다. 그럴 때 선생님은 일단 문제가 생긴 상황에 대해 아이들에게 변론할 기회를 준 다음 잘잘못을 가려준다. 하지만 그 과정은 우리가 흔히 상상하듯 '누가 잘못을 했다, 아니다'라고 판결을 내리는 것이 아니다.

선생님은 문제가 생겨난 상황에 대한 계속적인 대화를 통해 아이들이 자신의 잘못을 스스로 인정하도록 하고 다음에도 그와 같은 경우가 생기면 어떻게 대처할 것인지에 대해 듣기도 한다.

언뜻 보면 아이에게 너무 많은 것을 바라는 것이 아니냐는 생각이 든다. 하지만 유대인 아이들은 이런 '헤부르타식 토론 수업'을 전혀 힘들어하지 않는다. 오히려 선생님과 다른 아이들과 적극적으로 상대방의 의견을 듣고 자기의 의견을 나누는 과정에서 아이들의 얼굴에는 기분 좋은 긴장감과 함께 생기가 넘쳐난다.

13 이야기의 교훈은
스스로 생각하게 하라

어렸을 때부터 이야기를 들려주고 함께 토론하라

유대인만큼 이야기를 좋아하는 민족도 드물다. 어려서부터 성서 이야기와 『탈무드』를 들으며 자란 유대인은 하이네, 카프카, 샐린저 등 세계적인 작가를 배출했는가 하면 노벨 문학상 수상자를 열두 명이나 배출했다. 또 우디 알렌, 올리버 스톤, 코엔 형제와 같은 유명 영화감독을 배출하기도 했다.

오늘날에도 유대인 부모는 아이들에게 이야기 들려주는 것을 즐겨 한다. 그들은 새로운 이야기를 찾아내거나 만들어서 아이들에게 들려주곤 한다. 아이들은 이야기의 내용도 재미있어 하지만 커가면서 그 이야기가 주는 교훈에도 관심을 갖고 스스로 찾아내기 위해 노력한다.

유대인은 『탈무드』에 나온 이야기를 아이들에게 자주 들려준다. 그중에는 아이들에게 지혜와 함께 교훈을 주는 이야기인 '세 친구 이야기'가 있다.

■■■

어느 날 왕이 어떤 남자에게 신하를 보내어 즉시 왕궁으로 오도록 명령을 내렸다. 그 남자에게는 세 친구가 있었다.

첫 번째 친구는 그가 몹시 소중하게 여기고 있어, 그를 자신의 제일 다정한 친구라고 생각하고 있었다. 두 번째 친구 역시 친하기는 했지만, 첫 번째 친구처럼 소중하게 생각하지는 않았다. 그리고 세 번째 친구는 친구라고 여기고 있었지만, 그때까지 별로 관심을 두지 않았다.

왕의 호출 명령을 받자 그는 자기가 잘못을 저질러 벌을 받게 된 것이 아닌지 두려웠다. 그는 혼자서 왕에게 갈 용기가 나지 않았다. 그래서 세 친구에게 함께 가 달라고 부탁하기로 했다.

그는 먼저 가장 소중히 생각하는 첫 번째 친구에게 함께 가자고 부탁했다. 그러나 그 친구는 이유도 말하지 않으면서 싫다고 거절했다. 두 번째 친구에게 부탁했다. 그 친구는 "궁궐 문까지는 함께 가지만 그 이상은 갈 수 없네"라고 말했다. 그러나 세 번째 친구는 이렇게 말하는 것이었다.

"암, 함께 가주지. 자네는 아무런 나쁜 짓도 하지 않았으니 조금도 두려워할 것이 없어. 내가 함께 가서 임금님께 그렇게 말씀드려줄게."

이 이야기를 아이에게 들려준 후 유대인 부모는 아이에게 각각 세 친구가 어떻게 다른지 생각해보라고 한다. 그리고 "너에게도 이런 친구들이 있니?", "너는 이 세 친구 중 어떤 친구와 비슷하지?"라고 물으며 아이에게 질문을 한다.

질문을 받은 아이는 처음에는 막연해하며 쉽게 대답을 하지 못한다. 그래도 부모들은 아이가 이야기에 대해 자신의 생각을 한 마디라도 표현할 때까지 기다려주거나 조금씩 힌트를 주며 답을 찾도록 도와준다. 그러면 아이는 열심히 이야기의 내용을 추리하여 더듬더듬 자신의 생각을 말하기 시작한다.

아이가 어느 정도 이야기에 근거해서 자기 생각을 적절하게 대답하면, 부모는 세 친구에 대해서 자세하게 설명해준다. 첫 번째는 재산이라는 친구, 두 번째는 친척이라는 친구, 세 번째는 선행이란 친구라고 말해주고, 그 친구들이 의미하는 바와 함께 아이의 대답에 대해 짤막하게 코멘트를 해준다.

보물찾기하듯 이야기의 교훈을 찾게 하라

이런 토론과 대화를 통해서 아이들의 사고력은 한층 더 깊어지고 이야기를 듣는 즐거움, 책을 혼자 읽는 즐거움을 깨닫게 된다. 이뿐만 아니라 부모와의 토론 과정에서 아이들은 어려운 수준의 어휘까지 어렴풋이 이해하게 된다. 일상생활에서 흔히 접하는 구체적인 내용이 아닌 평화, 사랑, 행복, 죽음 등 추상적인 개념의 의미도 깨닫게 된다.

우리에게도 『탈무드』와 같이 옛날부터 전해내려오는 이야기가 많다. 그런데 우리나라 부모는 재미있는 옛날이야기를 읽어주면서 다양한 질문을 찾아 아이에게 던져주는 일에 서투르다. 부모 스스로 이야기를 듣고 나서 생각을 나누고 질문하기보다는 수동적으로 듣는 것에 익숙해 있기 때문이다.

그래서인지 아이들이 읽는 동화책 뒤에는 이야기에 대한 가이드라인이 제시된 경우가 많다. 그러나 그것에 너무 의존하다 보면 정해진 답과 교훈을 찾아낼 수는 있어도, 창의적이고 독창적으로 책을 재해석하는 능력은 개발할 수 없게 된다. 따라서 이야기를 들려주거나 책을 읽고 난 후에는, 이야기가 전달하려는 메시지나 교훈을 아이 스스로 보물찾기하듯 찾아볼 수 있도록 해주어야 한다.

14 상상력 발달을 위해 잠자리에서 책을 읽어주어라

잠자리에 들 때 책을 읽어주자

유대인 부모는 잠자리에 드는 아이들에게 늘 책을 읽어준다. 침대에 누운 아이에게 다정한 음성으로 소곤소곤 책을 읽어주는 동안 아이는 편안하게 꿈나라로 간다. 아무리 바쁘고 피곤하더라도 아이가 잠자리에 들 때 '베드 사이드 스토리'를 들려주는 것은 유대인 부모의 의무이다.

요씨의 아빠도 밤마다 침대 머리맡에서 요씨에게 책을 읽어준다. 세 살 된 요씨는 엄마의 자장가 소리보다 아빠가 읽어주는 이야기 소리에 더 익숙해져 있고 그 시간을 좋아한다. 요씨는 매일 저녁 마음에 드는 책을 골라 놓고 그 책을 읽어 달라고 주문

한다.

"아빠, 오늘은 이 책 읽어주세요. 데굴데굴 구르는 동그라미 그림이 있는데 재미있어 보여요."

"어디 보자, 이빨 빠진 동그라미 이야기구나."

"아빠, 이빨 빠진 동그라미가 고민한다는 게 무슨 뜻이에요?"

"고민한다는 건 이렇게 할까 저렇게 할까 곰곰이 생각한다는 거야."

잠자리에서 읽어주는 '베드 사이드 스토리'는 무엇보다도 아이의 언어발달에 도움을 준다. 한창 말을 배워 무엇인가를 표현하려고 애쓰는 어린아이에게는 책 속에 나오는 수많은 단어와의 만남이 풍부한 어휘를 접할 좋은 기회가 된다.

아이들은 새로운 단어나 뜻을 모르는 단어가 있으면 부모에게 그 뜻을 물어보거나 앞뒤의 문맥을 통해 자기 나름대로 그 의미를 파악한다. 일반적으로 그런 언어 습득 과정을 거치다보면 아이가 네 살 정도 되었을 때 평균 1,500개 정도의 어휘를 소화하게 된다. 그런데 유대인 어린이는 평균치보다 훨씬 많은 수의 어휘를 이해하고 사용하고 있다는 발표가 있다.

아이의 사고력을 키워주는 '베드 사이드 스토리'

부모가 읽어주는 책의 이야기를 듣는 것은 단어의 뜻을 정확하고 적절하게 사용하는 데 도움이 된다. 어른들이 일상적으로 쓰는 말을 듣고 말을 배웠을 때는, 그 단어를 사용했을 때의 상황이나 개인적인 언어 습성 때문에 정확한 언어생활이 되지 않을 때도 있다. 일상생활에서 아무리 신경을 써서 이야기한다고 해도 책에서처럼 정확하고 부드러운 문장으로 표현하는 것이 그리 쉬운 일은 아니기 때문이다. 그러나 책을 통해서는 단어의 정확한 의미 파악은 물론 구어체와 문어체의 차이점도 쉽게 가르칠 수 있다. 또한, 이야기의 줄거리를 통해 아이들은 여러 가지 새로운 개념을 배우게 된다.

비가 너무 많이 내리면 홍수가 나고 그 반대일 경우 가뭄이 질

수 있다는 자연의 이치를 비롯해서 사람과 사람과의 관계, 감정의 변화와 그것을 표현하는 방법, 크기와 길이, 무게 등의 개념과 색채, 죽음과 같은 추상적인 개념 등 아이들이 배울 수 있는 내용은 무척 다양하다. 아이들은 이야기를 들으면서 익힌 단어나 개념을 어느 정도 이해하고 나면 그것을 자신의 언어로 사용한다.

유대인 중 세계적으로 이름이 난 유명한 문인들이 많이 배출된 것도 '베드 사이드 스토리'의 영향일 것이다. 어릴 때부터 성서나 동화, 다양한 책을 접하며 아이들은 자연스럽게 상상의 폭을 넓혀 가게 되고 언어로 무엇인가를 표현하는 일에 익숙해진다. 자신이 자라면서 들었던 이야기처럼 감동적이고 아름다운 이야기를 직접 글로 써보겠다는 꿈을 가지기도 한다.

엄마, 아빠가 들려주는 이야기를 들으면서 아이들은 즐거워하며 깔깔대고 웃기도 하고, 슬퍼서 훌쩍거리기도 하고 감동을 하기도 한다. 그런 기쁨과 슬픔의 감정을 표현하면서 아이들의 정서와 사고력은 풍부해진다.

이처럼 '베드 사이드 스토리'는 어린 아이들에게 정해진 시간에 잠자리에 들게 하는 좋은 습관을 갖도록 하는 데 도움을 준다. 그리고 자라나는 아이들에게 지적인 성장과 함께 부모와 자녀 간의 신뢰와 사랑을 쌓아 정서적인 안정을 가져오게 하는 밑거름이 된다.

15 어렸을 때부터 책을 읽게 하라

『토라』와 『탈무드』는 유대인의 평생 교과서이다

유대인을 '책의 민족'이라고 한다. 그들은 평생 손에서 책을 놓지 않는다. 책을 통해 배우고 책의 내용에 대해 생각하고 질문을 던지고 답을 얻을 때까지 토론하는 민족이기 때문이다.

유대인의 세계관에서 배움은 끝이 없다. 그들은 삶이 끝나는 순간까지 배움은 계속되는 것이라고 믿는다. 유대인은 배움을 유대 신앙의 기본 전제인 '티쿤 올람'과 연관 지어 생각한다. 세상을 더 나은 세상으로 만들고 발전시키라는 뜻의 '티쿤 올람'은 유대인들이 배움을 통해 실천해가는 거룩한 의무이다.

그렇다면 유대인이 자녀에게 일평생의 삶의 지침서로 강조하는 책에는 어떤 것이 있을까? 그것은 바로 『토라』와 『탈무드』이다. 유대인들은 다섯 살 때부터 모세 오경(모세가 쓴 다섯 가지 책)을 중심으로 엮어진 일종의 구약성서인 『토라』를 배운다. 열 살 때부터는 유대인 5천 년의 지혜와 슬기가 담긴 『탈무드』를 배운다.

유대인들은 어렸을 때만 이 두 권의 책을 배우는 것이 아니다. 나이가 들어서도 새로운 시대와 상황에 맞추어 그것을 새롭게 재해석하고 적용한다. 유대인에게 이 두 책은 열린 사고와 지식과 지혜를 채워주는 마르지 않는 샘과 같다. 유대인의 머리와 마음을 활짝 열어주어 새로운 세계에 도전하고 개척해나갈 힘을 공급해준다.

유대인에게 『탈무드』가 중요한 또 다른 이유는, 이 책으로 체계적인 독서를 할 수 있는 바탕이 마련되기 때문이다. 이스라엘과 팔레스타인의 평화 공존을 위한 오슬로협정을 이끌어낸 공로로 노벨평화상을 수상한 시몬 페레스 이스라엘 대통령도, 할아버지로부터 『탈무드』를 통해 지혜와 독서의 소중함을 깨달았다고 했다. 그는 한 신문 인터뷰에서 이렇게 말했다.

"『탈무드』는 절대 단순한 문답을 하지 않는다. 하나의 질문은 열 개의 추가 질문으로 이어진다. 판단을 내릴 때 사물을 더 깊이 보고 더 정교하게 생각하는 나의 방식은 성서와 『탈무드』로부터 나왔다. 나는 전 생애를 통틀어 항상 이 책의 가르침을 깨닫고 있다."

실제로 『탈무드』에는 독서와 그것의 중요성에 관한 수많은 경구가 수록되어 있는데 그중에 중요한 내용을 보면 다음과 같다.

- 책과 양복이 더러워졌을 때는 책부터 닦아라.
- 생활이 궁핍하면 금, 은, 보석을 먼저 팔아라. 그래도 궁핍하면 집을 팔고 다음에 땅을 팔아라. 아무리 궁핍해도 책은 팔면 안 된다.
- 두 아들이 있는데 한 아이는 책을 남에게 빌려주기를 싫어하고, 다른 아이는 책을 빌려주는 것을 좋아한다면 둘 중 후자에게 책을 물려주어라.

한 유대인 랍비는 책을 얼마나 귀중하게 생각했던지 죽으면서 이런 내용의 유서를 남겼다고 한다. "아들아! 책을 네 벗으로 삼아라. 책장과 책꽂이를 너의 환희의 밭, 환희의 정원으로 삼아라. 책의 동산에서 지식의 열매와 향기를 즐기고 그것을 너 자신의 것으로 만들어라."

우리도 평생 함께 읽을 수 있는 고전을 선택하자

어렸을 때부터 『토라』와 『탈무드』를 통해 지성과 인성을 기른 유대인 아이들은 성장하면서, 이러한 독서 이력을 토대로 다양한 분야의 서적으로 자신의 관심사를 넓혀나간다.

하지만 우리나라 아이들은 초등학교 때부터 학교 공부에 치여 책을 읽을 시간이 그리 많지 않다. 학교 공부에 지친 아이들은 머리 쓸 필요가 없는 인터넷 게임을 하거나 노래방에 가서 소리 지르며 노래하는 정도로 스트레스를 풀며 여가시간을 보낸다.

독서논술 학원이 있어 책을 읽는 아이들도 있지만, 스스로 책을 즐겨 읽는 아이들은 쉽게 눈에 띄지 않는다. 중학교, 고등학교에 입학하면 사정은 더 나빠진다. 부족한 독서시간도 문제지만 독서의 질도 문제다. 이 시기의 목표는 오로지 입시공부이기 때문에 시간적, 정신적 여유가 없어 독서는 스펙을 쌓으려는 방편 정도로만 생각할 뿐이다.

유대인은 지식을 쌓기 위해서가 아니라 지혜를 얻기 위해 책을 읽는다. 유대인이 전 세계적으로 여러 분야에서 앞서 가는 것은 이러한 독서의 힘이 밑바탕에 깔려 있기 때문 아닐까.

우리도 유대인처럼 아이와 함께 읽을 수 있는 책 한두 권을 골라 함께 읽고 생각을 나누어보며 아이에게 무한한 지혜의 보고인 책의 세계로 안내해주자.

16 유머감각으로 긍정적인 마인드를 심어주어라

유머는 두뇌를 부드럽게 하는 윤활유이다

유대인들은 서기 70년 로마인들에게 나라를 빼앗긴 뒤 2천 년 동안 나라 없이 살다가 1948년 현재의 이스라엘 땅을 찾아 독립했다. 실제로 유대 민족 5천 년의 역사는 고난의 연속이었지만 유대인들은 나라 없이 방황하며 떠돌이 생활, 이민 생활을 하고 제2차 세계대전 때는 히틀러 치하에서 게토 수용소 생활을 하면서도 삶의 여유와 웃음을 잃지 않았다.

그들은 숱한 역경과 고난 속에서도 웃음과 해학의 지혜를 키워왔고 그 속에서 유머를 발전시켰다. 유대인들은 늘 이렇게 말한다. '유머의 꽃은 슬픈 시대에 핀다'라고.

이렇게 유대인의 유머는 그들이 살아남는 데 강력한 힘이 되어 주었다. 비극적인 역사 속에서 유머를 통한 긍정적인 마인드와 지혜를 얻지 못했다면 유대 민족은 이 세상에서 사라졌을지도 모른다. 하지만 유대인의 유머는 단순히 살아남기 위한 치열한 몸부림만은 아니었다.

유머는 두뇌를 자극하는 윤활유 역할을 한다. 진정한 유머는 기존의 관습을 과감히 거부하고 고정관념을 탈피할 때 나올 수 있다. 유머의 이런 특징은 바로 창의력의 핵심이기도 하다. 고정관념에서 탈피하여 이전에는 생각하지도 못했던 대상들 간의 새로운 연결을 시도한다는 면에서 유머와 창의력은 그 맥이 닿아 있다.

다른 종교의 경전과 달리 『탈무드』에는 유머가 풍성하게 녹아 있다. 왜 그들은 민족의 지혜서에 유머를 포함시켰을까? 그것은 유머를 지혜의 원천 중의 하나로 보았기 때문이다. 『탈무드』를 바탕으로 하여 만들어진 유대인의 유머는 세계 어느 민족에도 뒤지지 않는 번뜩이는 재치로 가득 차 있다. 지금도 유대인 부모는 『탈무드』를 바탕으로 전승해서 내려오는 유머를 자녀에게 들려준다. 유대인이 자녀들에게 '웃음은 지혜의 선물'이라고 가르치는 이유도 여기에 있다.

유머는 아이의 마음에 긍정 에너지를 솟게 한다

탈무드식 유머와 웃음은 아이의 마음에 여유와 유연성을 길러준다. 어떤 것을 배울 때도 고정관념에 사로잡혀 경직되게 배우는 것이 아니라, 자신만의 독특한 시각으로 사물을 새롭게 해석할 수 있도록 도와준다. 그리고 아이가 어떤 다급한 상황이나 위기에 처하게 되더라도 냉정을 잃지 않고 긍정적인 마음으로 문제를 해결할 수 있는 기지를 발휘할 수 있도록 마음에 여유를 준다.

유대인의 유머와 긍정적인 마인드를 잘 보여주는 영화가 있다. 로베르토 베니니 감독의 영화 〈인생은 아름다워〉에는 인생의 큰 비극 속에서도 절대 굴하지 않고 긍정적이고 유머러스하게 위기를 돌파해나가는 유대인 아버지의 모습이 눈물겹게 그려진다.

영화 속 주인공 귀도는 아들을 끔찍이 사랑하는 유대인 아버지다. 그는 제2차 세계대전 당시 나치에게 잡혀 아들과 함께 아우슈비츠 수용소에서 비참한 생활을 하게 된다. 나치의 유대인 수용소에 함께 끌려간 아들 조슈아가 비참한 현실을 알지 못하도록 수용소에 갇힌 것이 게임이라고 속이며 보호하는 내용이다. 결국 귀도는 사형을 당하게 되는데, 사형장으로 끌려가는 모습을 아들이 보고 있다는 것을 알고 장난감 병정처럼 즐겁게 걸어간다. 그는 죽기 전 마지막 순간에도 아들을 향해 환한 미소를 짓는다.

귀도뿐만 아니라 지금도 대부분의 유대인은 도저히 받아들일 수 없는 어려운 상황에서도 웃음을 잃지 않고 늘 인생을 긍정적으로 바라보려고 노력한다.

17 아이의 호기심에 날개를 달아주어라

키부츠 유치원 마당은 고물상

이스라엘에서 유치원을 방문할 때마다 유치원 시설이나 프로그램을 유심히 살피곤 했는데 키부츠의 유치원에서는 무언가 특별하다는 인상을 받았다.

일반적으로 유치원 마당에는 시소, 구름다리, 그네와 같은 놀이기구가 있기 마련인데 키부츠(이스라엘의 농업 및 생활 공동체)의 유치원 마당은 어느 곳이나 할 것 없이 고물이 널려 있다. 고물이 가득한 유치원 마당은 마치 고물상 마당과 같다. 폐품을 활용하자는 뜻에서 키부츠 유치원 마당에 고물을 모아 놓은 것이 아니다. 유대인 아이들은 이 고물상에서 버려진 물건을 통해 인생을 배운다.

이스라엘 갈릴리 호숫가에 있는 게노사르 키부츠 유치원을 방문했을 때의 일이다. 마침 자유놀이 시간이라 아이들이 고물 더미 속에서 노는 모습을 직접 볼 수 있었다. 한쪽 구석에서 모래에 물을 부으며 나무 주걱으로 섞고 있는 아이들의 대화가 들렸다.

릴리: 반죽이 다 됐으니 그릇에 담자.
한나: 오븐에 넣을 때 뚜껑을 닫아야 하니?
오페르: 아니야, 우리 엄마는 닫지 않으셔.
한나: 그래? 왜?
오페르: 빵이 부풀어 오르잖아. 그러니까 닫으면 안 되나 봐.

또 다른 구석에서는 두 남자아이가 찌그러진 자동차 앞자리에 나란히 앉아서 재잘대고 있었다.

야곱: 기름이 충분히 들어 있니?
토메르: 응, 이 정도면 시내에 충분히 다녀올 수 있어. (속도계를 가리키며) 그런데 이건 뭐하는 거야?
야곱: 그건 자동차가 빨리 달리는지 천천히 가는지 보는 거야.
토메르: 자동차도 빨리 달리면 우리처럼 숨이 차?

야곱: 아마 그럴 거야. 선생님이 자동차에 가끔 물을 넣어줘야 한다고 하셨어.

아이가 집에서 냉장고 문을 열 번 정도 열고 닫기를 반복한다면 엄마들은 아이에게 뭐라고 할까? "냉장고에 관심이 많은가 보구나, 냉장고에 대해서 뭐가 알고 싶니?"라고 말하는 부모가 몇이나 될까?

쓰고 버린 물건이 아이의 호기심을 자극한다

집에서 쓰는 물건을 아이들이 마음대로 가지고 놀도록 내버려두는 부모는 거의 없다. 그런데 키부츠 유치원의 고물상 마당에는 집에서는 금지된 놀잇거리였던 여러 종류의 생활용품들이 즐비하게 널려 있어 아이들은 이곳에서 평소에 관심을 두었던 물건을 이리저리 살펴보고 만져볼 수 있다.

그런 것 중에는 문짝이 떨어져 나간 냉장고, 한쪽 바퀴가 빠진 트랙터, 찌그러진 자동차, 한쪽 손잡이만 붙어 있는 냄비, 녹슬고 구부러진 숟가락에 이르기까지 모든 생활용품이 포함되어 있다. 집에서는 가지고 놀 수 없었던 물건들을 어른들의 제재 없이 자유롭게 가지고 놀면서 우리 생활에 어떤 물건들이 쓰이고

있고, 그것을 어떻게 작동시켜 실생활에 사용하고 있는지를 생각해보는 시간을 갖는다. 이런 과정을 통해 아이들은 사물에 대한 호기심을 갖고 왜 그렇게 되었는지, 어떻게 하면 되는지 곰곰이 생각해본다.

구멍이 뚫린 그릇에 물을 담으면 샌다는 것을, 찢어진 바퀴는 굴러가지 않는다는 사실을 아이들은 고물과 뒹굴며 자연스럽게 배운다. 또한 아이들의 상상 속에서 냉장고는 장롱으로, 상자는 식탁으로 책상은 침대로 사용되기도 한다. 녹이 슬었거나 깨지고 긁힌 자국, 눌었거나 탄 흔적, 색이 벗겨졌거나 닳은 물건 하나하나가 아이들의 호기심을 자극하기에 충분하다. 아이들은 이런 것들을 보면서 자연스럽게 '왜 이렇게 됐을까?'라는 질문을 하게 된다.

고물상 마당에서는 물건을 깨거나 부술 수도 있어 아이들은 더욱 즐겁다. 그러나 아이들은 주위 친구들이나 자신을 다치게 해서는 안 된다는 점 또한 고물상 놀이를 통해 배운다. 그래서 아이들은 이상하거나 위험해 보이는 물건이 눈에 띄면 즉시 교사에게 알린다.

이스라엘의 키부츠 유치원은 교육심리학자 피아제의 이론대로 아이들에게 풍성한 교육 환경과 다양한 자료를 제공함으로써 학습 의욕을 자극한다. 이런 점에서 고물상 마당의 놀이시간은 아이들이 자연스럽게 실험정신과 연구 자세를 가질 수 있게 해주는 귀중한 학습장이라고 할 수 있다.

18 창의성을 길러주는 게임 놀이를 시켜라

게임은 아이의 창의성을 길러준다

'마법의 성'은 우리 집 두 아이가 어렸을 때 즐겨 했던 재미있는 보드게임이다. 이 게임은 이스라엘에서 개발된 것으로 만 5세 이상이면 어른, 아이 2~4명이 누구나 함께 즐길 수 있다. 각자 자신의 순서에 주사위를 던져 해당하는 수만큼 장기 말을 움직인다. 놀이를 진행하며 여러 상황에서 진주알을 받게 되는데 12개의 진주알을 빨리 모아야 마법의 성에 들어갈 수 있다. 그런데 성으로 들어가기 전 질문 카드를 뽑아 답을 해야 한다. 질문은 세계 명작 동화의 짧은 내용을 듣고 동화의 제목 맞추기이다. 질문에 답을 하고 성 안으로 들어가 갇혀 있는 공주님을 먼저 구하는 사람이 승자가 된다.

　아이들이 워낙 좋아하던 게임이라 한번 시작하면 서너 번은 더 반복해야 일어설 수 있었던 것이 아직도 새록새록 기억난다. 진주알을 모아 공주가 갇혀 있는 성에 들어가기까지 아이들은 여러 상황에 부딪히게 된다. 그때마다 자신이 결정한 내용을 분명하게 이야기해야 하고 어떻게 문제를 해결해나갈지도 밝혀야 한다.

　지금 생각해보면 이 게임을 통해 우리 아이들의 사고력, 언어능력, 의사결정능력, 문제해결능력 등이 자연스럽게 길러지지 않았나 싶다.

　이스라엘의 유치원이나 초등학교 교실에는 어느 곳이나 책장 옆에 각종 게임상자를 보관해 두는 가구가 나란히 세워져 있다. 책장에 책이 꽂혀 있듯 이곳에는 연령별, 주제별, 단계별로 게임이 분류되어 있다. 아이들은 쉬는 시간에만 게임을 하는 것이 아니라, 선생님께 허락을 받으면 수업시간에도 친구들과 모여 게임을 할 수 있다. 이때 아이들이 하는 게임은 수업시간에 다룬 내용을 지루하지 않고 쉽게 익힐 수 있는 것들이다. 이렇게 이스라엘에서는 게임을 학습 보조교재로 사용하

고 있다. 게임을 단지 재미를 위한 '놀잇거리'로만 쓰는 것이 아니라 학습을 보다 효과적으로 진행하는 데 필요한 '활용 자료'로 여기는 것이다.

창의적인 게임 놀이의 효과

이스라엘에서는 게임 개발 과정에 과학자, 교육학자, 심리학자, 철학자, 수학자, 아동 미술가 등 다양한 전문가들이 공동으로 참여한다. 왜 이렇게 많은 전문가들이 참여하는 것일까? 게임의 교육적 효과를 살펴보면 그 이유가 분명해진다.

첫째, 게임은 사회성발달을 돕는다. 아이들은 자율적으로 규칙을 지킴으로써 공동생활에서 요구되는 올바른 질서의식을 배운다. 게임을 함께 하는 구성원 사이의 상호 의사소통을 통해 협동심과 사회성도 기르게 된다. 다른 사람의 성공을 기뻐해 주는 마음을 갖게 되고, 자신의 감정을 조절하는 능력이 생긴다. 또 게임을 하는 동안 대인관계에서 일어나는 갈등이나 문제를 해결하기 위한 문제해결능력도 발달한다.

둘째, 인지발달을 돕는다. 게임을 하는 동안 아이들은 자신에게 유리한 전략을 세우면서 창의성과 논리적 문제해결능력이 발달된다. 게임에 능동적으로 참여하는 가운데 자연스럽게 집중력도 향상된다. 구체적 조작기에 접어든 초등학생들은 손으로 게임 도구를 만지작거리면서 지각능력이 발달한다. 아이들은 게임을 하면서 수개념과 숫자 세기, 연산, 분류, 패턴, 일대일 대응, 공간 개념과 기하개념 등의 수학적 개념을 인지한다.

게임은 이전에 별로 재미없던 공부를 아이들과 경쟁하며 재미있게 할 수 있게 해주는 역할도 한다. 상대방의 입장에서 생각하며 게임을 하는 동안 상대방의 생각과 견해 등을 추론하고 평가하는 능력이 발달한다.

셋째, 언어발달을 돕는다. 게임을 하기 위해서는 각자의 의견을 서로 절충하고, 의견을 제시하며 상대방의 의견에 귀를 기울여야 한다. 이런 과정에서 의사소통능력이 발달한다. 게임을 할 때 아이들은 자신도 모르게 바른 태도로 듣기, 말소리 듣기, 묻는 말에 대답하기, 경험·생각·느낌 말하기, 상황에 따라 말하기, 바른 태도로 말하기 등을 배우게 된다.

넷째, 정서발달을 돕는다. 게임 상황을 통해 정서적 억압과 불만을 정화하고 안정감과 만족감을 느낀다. 내적 통제력과 자신감이 발달한다. 게임을 하면서 친구들과 경쟁하는 동안 다른 사람의 감정을 이해하게 된다. 또 목표달성을 위한 행동조절과 성취감 경험, 감정조절 등이 가능해진다.

피아제는 아이가 규칙이 있는 게임을 하면서 사회적, 도덕적,

정서적, 인지적으로 발달한다고 주장했다. 듀이는 놀이와 게임을 학교 교육과정에 통합시켜 학습자가 학습에 능동적으로 참여할 수 있는 학습방법으로 도입할 것을 제안했다. 카미와 데브리스(Kamii & DeVries)도 그룹게임을 통해 유아의 전인적인 발달을 도울 수 있다고 주장했다.

아이들이 가지고 있는 게임에 관심을 가져보고 아이가 좋아하는 게임을 함께 하자고 먼저 이야기 해보자. 아이들이 신이 나서 외치는 목소리가 들린다.

"앗싸아!"

19 절대, 절대, 절대
다른 아이와 비교하지 마라

비교는 가능성의 싹을 잘라버린다

『탈무드』에는 이런 말이 전해져 내려온다.

"형제의 개성을 비교하면 모두 살릴 수 있지만, 형제의 머리를 비교하면 모두 죽인다."

유대인은 자녀를 다른 집 아이와 비교하지 않는다. 우리처럼 엄친아나 엄친딸이란 개념이 없다. 아이들은 각자 발달단계와 관심 분야 그리고 재능이 다르므로 공부라는 똑같은 잣대로 아이들을 판단하고 비교하는 것은 옳지 않다고 생각한다. 유대인 부모는 아이 한 명 한 명을 하나의 인격체로 인정하며 존중한다.

우리는 어떤가? 지금도 우리 아이를 다른 아이와 비교하고 있

진 않은가?

"옆집 순돌이는 이번 기말시험에서 반 1등을 했다는데 너는 어떻게 된 거니? 학원비로 들어가는 돈이 얼만데, 성적이 이 모양이야? 도대체 누굴 닮아서 그렇게 공부를 못하는지 모르겠다."

이때 "네, 엄마. 다음부터는 더 열심히 할게요"라고 고분고분하게 대답할 아이가 몇이나 될까? 아이를 이렇게 다른 아이와 비교하면 공부할 의욕이 사라질뿐더러 자존감도 낮아진다.

다른 사람과 비교당하면 기분이 상하고 때론 절망감마저 밀려오는 건 성인이 되어서도 마찬가지인데, 아직 성숙하지 못한 아이들이 받는 마음의 상처는 얼마나 깊을까? 지금까지 경험해본 바로는 자녀를 형제나 다른 아이들과 비교하기 시작하면 아이는 엇나가기 시작한다.

물론 독하게 마음먹고 공부해서 성적이 오르는 아이도 있겠지만 그런 아이의 속마음은 열등감과 분노, 경쟁심으로 가득 차게 될 것이다. 비교하는 부모에 대한 분노, 형제나 친구에 대한 열등감과 경쟁심이 아이의 정서나 성격 형성에 그리 좋은 영향을 주지 않을 것은 너무나 뻔한 일이다.

비교하는 대신 아이의 재능을 찾아주어라

유대인은 아이들을 비교하지 않지만, 아이가 가지고 있는 각기 다른 개성과 재능, 그리고 각자의 차이에 대해 분명히 말해준다.

"네 친구는 영어회화를 아주 잘하던데, 너는 불어로 시 쓰는 걸 좋아하는구나."

"네가 노래를 잘하는 것처럼 네 친구는 달리기를 잘하더구나."

"우리는 폴란드계 유대인인데 갈리네 집은 예멘에서 온 유대인이란다. 그래서 같은 유대인이지만 문화적 차이가 조금 있단다."

유대인은 이렇게 아이들에게 저마다 생김새가 다르듯 성격과 관심사, 개성, 재능이 다른 것이 당연하다고 가르친다.

유대인이 전 세계적으로 경제, 예술, 문화, 학술 등 다양한 분야에서 두각을 나타내는 이유도 어려서부터 이러한 가르침을 받고 자랐기 때문이 아닐까 하는 생각이 든다. 실제로 화장품 업계의 신화를 이룬 에스티 로더, 영화와 TV 드라마 제작자인 제리 브룩하이머, 색소폰 연주자 케니 지, 2011년 임진각 평화 콘서트를 지휘한 다니엘 바렌보임 등 여러 분야에서 성공한 사람들이 모두 유대인이라는 것은 우연의 일치가 아니다.

이와 같이 유대인은 아이들이 좋아하는 일을 잘할 수 있도록 지지하고 밀어준다. 그리고 아이마다 개성이 다르다는 것, 재능이 다르다는 것을 인정하고 어떻게 하면 그 아이만의 개성과 재능을 발전시킬 수 있을지 아이와 함께 고민하며 길을 찾아간다.

아이의 성적이 뛰어나지 않고, 이렇다 할 재능이 없다고 해서 다른 집 아이와 비교하며 실망하지 말자. 그 대신 "네 친구는 공부를 잘하지만, 너는 불쌍한 사람을 도와주려는 착한 마음을 갖고 있구나" 하고 칭찬거리를 찾아내 표현해보자. 그 말을 들은 아이의 마음은 몇 배 더 밝아질 것이다.

20 블루오션을 개척하는 개성 있는 아이로 키워라

개성 교육의 중요성과 블루오션 전략

유대인 부모는 자기 아이가 다른 아이와 똑같이 생각하고, 똑같이 행동하고, 똑같은 것을 배워 정형화된 사고의 틀을 가진 상투적인 사람이 되는 것을 바람직하게 생각하지 않는다. 아이 스스로 자신의 개성을 찾도록 도와주는 것이 부모로서 가장 중요하면서도 어려운 일이라고 생각한다.

유대인은 아이의 재능과 개성을 살리는 데 아낌없는 노력을 기울이지만 그 재능과 개성을 일류대학에 들어가는 방편으로 여기지는 않는다. 그들이 개성을 중요하게 생각하는 것은 모든 사람이 서로의 다름을 인정하고 조화롭게 어울려 사는 삶에 가치를 두기 때문이다.

개성을 강조하는 유대인의 가정교육은 산업계의 '블루오션' 전략과도 맥락이 닿는다. 블루오션 전략이란, 창의적인 사고로 미래를 예측하고 앞서서 나아가고자 할 때 그 방향을 제시해주고 넓은 밑그림을 그릴 수 있도록 도와주는 경영 전략이다.

블루오션 전략은 틈새시장 개척이 아니라 경쟁자가 없는 거대 시장에서 싸우지 않고 이기는 대승전략으로, 경쟁하지 않고 이익을 창출하는 것이 핵심이다. 즉, 경쟁이 없는 새로운 시장을 개척하여 관찰과 협력, 창의적 사고로 수요를 창출하고 시장을 창조하는 것을 목표로 한다. 블루오션에서 시장 수요는 경쟁에 의해 얻어지는 것이 아니라 창조에 의해서 얻어진다.

기존의 시장에서 새로운 분야를 창조하기 위해서는 무엇보다 상상력이 필요하다. 그래서 빌 게이츠는 늘 "마이크로소프트의 유일한 재산은 직원들의 상상력"이라고 주장했다. 산업계에서 상상력이란 '블루오션'을 개척하기 위한 가장 큰 파워다.

이를 위해서는 개성을 살리고 창의성을 길러주는 유대인 교육 방식이 큰 도움이 된다. 즉, 끊임없이 '왜'를 반복하며 문제를 파고들게 하는 것이다. '왜 장미는 빨간색인가?'를 캐물어 결국 파란색 장미를 만들어 히트 치는 식이다. 그리고 '5+5=?' 대신에 '10=?+?'라는 질문을 하고 귀납법은 연역법으로, 연역법은 귀납법으로 발상을 전환해서 생각해보게 하는 것이다.

아이의 개성을 찾아주는 것은 부모의 중요한 의무이다

우리나라에서 '남과 다르게 되라'라고 가르치는 부모는 매우 드문 것 같다. 누구나 다 가는 안전한 길을 선호하고, 일류대학을 나와 탄탄한 직장으로 직행하는 것을 성공의 지름길로 보고 있기 때문이다. 그 결과 우리나라 엄마들은 아이가 대여섯 살만 되어도 장차 어느 대학을 보내고 장래 직업을 무엇으로 할지에 대해 원대한 계획을 세운다. 그런 경우 아이의 특성보다는 부모의 욕심과 기대가 앞서기 십상이다.

"당신 아이가 커서 무엇이 되었으면 좋겠어요?", "대학에서는 무엇을 전공하게 하실 건가요?"라고 유대인 엄마에게 묻는다면, 어떤 반응을 보일까? '왜 그런 질문을 엄마인 내게 하는 걸까?'라고 생각하며 고개를 갸우뚱할 것이다. 그에 대한 결정은 전적으로 아이가 한다고 생각하기 때문이다.

유대인은 부모가 희망하고 기대하거나 사회적으로 인정받는 직업을 갖도록 아이에게 강요하지 않는다. 그것보다는 자기의 방식으로 행복을 추구하며 살아가도록 격려한다. 행복하게 살면서 사회에 기여할 수 있는 건강한 시민으로 키우는 것이 그들의 소박한 바람인 것이다.

이렇게 유대인은 아이의 개성을 찾아주고 그 바탕 위에서 자기의 인생을 스스로 계획하고 발전시켜 나가도록 든든한 조력자 역할을 하는 것이 어른의 책임이라고 말한다. 부모나 교사의 가치관이나 틀에 맞춰 아이를 가르치고 키우는 것은 잘못된 일이라고 생각하기 때문이다.

히브리어로 유대인을 지칭하는 '이브리(헤브라이)'라는 단어는 원래 '혼자서 다른 편에 서다'라는 의미를 지니고 있다. 수천 년 전에 생겨난 이 단어의 유래만 봐도 유대인이 얼마나 개성을 중요하게 생각해왔는지 알 수 있다.

Chapter 3

지혜로운 아이가 세상의 중심에 선다

21 유대인은 2~3개의 외국어를 필수로 가르친다

세계무대에서 활약하려면 외국어 공부는 필수다

팝페라 가수 임형주가 세계 어디서든 자신감 있게 무대에 설 수 있는 이유 중 하나는 어머니의 교육열에 있다. 그의 어머니는 임형주가 어렸을 때부터 아이가 자라서 어떤 일을 할지는 모르지만, 세계를 발판으로 자라게 해야겠다고 결심했다. 그래서 어려서부터 외국어를 배울 수 있는 환경을 만들어주기 위해 노력했다. 미 8군에 어린 임형주를 데리고 다니면서 그곳 아이들과 어울려 놀게 한 것도 그런 이유에서였다. 다른 인종에 대한 이질감도 없애고 국제 감각을 키워주는 데 매우 좋은 여건이었다.

피겨여왕 김연아도 스케이팅 연습을 하러 가는 차 안에서 수시로 영어회화 테이프를 들으면서 영어 공부를 했다고 한다. 이렇게 어려서부터 훈련받은 외국어 실력으로 평창올림픽 개최지 선정을 위한 국제회의에서도 매우 능숙한 영어 실력으로 수많은 IOC 위원들을 감동적으로 설득할 수 있었다.

1988년 서울 올림픽 개최로부터 2018년 평창 동계올림픽 유치에 이르기까지 최근 몇 십 년 동안 크고 작은 국제 행사를 치르는 동안 대한민국의 국제적 위상은 많이 달라졌다. 그만큼 국제적인 교류도 더욱 활발해졌다. 아이들의 영어교육을 위해 방학마다 연수를 보내는 가정도 매년 증가하고 있다. 외국어를 공부하는 데 가장 좋은 환경은 생활 속에서 직접 그 언어를 접하고 문화를 익히는 것이기 때문이다.

정치, 경제, 과학 등 여러 방면에서 세계를 주름잡는 유대인들은 외국어를 얼마나 잘할까? 유대인들은 보통 두 개 이상의 외국어를 자유롭게 구사한다. 오랜 세월 박해를 받아 여러 나라를 떠돌아다니지 않으면 안 되었기 때문에 가능한 일이다.

이스라엘을 떠난 유대인들은 유럽, 북아프리카, 북미, 남미 등 전 세계에 흩어져 정착했다. 유대인은 그들이 정착한 나라의 언어와 유대민족의 언어인 히브리어를 동시에 익혔다.

유대인의 명절이나 휴일에는 세계 곳곳에 흩어져 사는 친척들이 서로 만나 그들의 전통과 언어를 지켜나갔다. 이렇게 유대인은 어릴 적부터 여러 나라의 언어를 자연스럽게 접하면서 외국어를 배우는 데 별 어려움 없이 성장한다.

유대인 아이는 2~3개 외국어를 배운다

유대인은 가능하면 외국어를 어릴 적부터 반복해서 들려주는 것이 좋다고 생각한다. 아직 말을 배우기 전에 음악을 듣는 것처럼 자연스럽게 꾸준히 들려주는 것이다. 언어는 말하기보다 듣고 이해하는 것이 먼저 이루어져야 하기 때문이다. 유대인들은 어렸을 때부터 외국어를 접하기 때문에 단일어를 사용하는 사람보다 언어습득력이 훨씬 뛰어나다.

언어를 익히는 것을 재산을 얻는 것만큼이나 중요하게 생각하는 유대인 부모는 해외에 거주할 경우 자녀를 두 곳의 학교에 보낸다. 평일에는 현지 학교에 보내 현지 언어와 제2외국어를, 주말에는 유대인이 가르치는 학교에 보내서 히브리어를 배우도록 한다. 모국어인 히브리어를 잊지 않도록 하기 위해서이다.

오늘날 이스라엘에서는 히브리어를 모국어로 사용하면서 영어를 공용어로 쓰고 있다. 그래서 영어를 할 줄 알면 히브리어를 몰라도 큰 어려움 없이 생활할 수 있다. 뉴스를 영어로 방송하기도 하고 영화는 원어 그대로 보여주면서 히브리어와 영어, 또는 불

어 자막을 내보낸다.

유대인이 우리처럼 막대한 사교육비를 투자해서 언어교육을 하지 않아도 여러 언어를 유창하게 할 수 있는 이유는 태어날 때부터 2~3개 언어를 매일 꾸준히 들려주기 때문이다. 언어는 반복을 통해 습득된다. 즐거운 마음으로 말하기와 듣기의 반복을 계속하는 것이 유대인들의 조기 외국어 교육의 핵심이다.

유대인 가정에서 2~3개 외국어를 쉽게 알아듣고 말하는 아이들을 보며 나도 나중에 우리말, 영어, 히브리어를 가르치겠다고 마음먹은 적이 있었다. 그런데 우리 아이들에게는 적극적으로 실천하지 못했다. 지금 생각해도 큰 아쉬움으로 남는다. 아이들이 어렸을 때 몇 개의 단어를 가르쳐본 적은 있는데 아이들은 그 단어를 아직도 기억한다.

"태은아, 안녕, Hi, 샬롬", "시원아, 곰돌이, Bear, 두비"

아이들에게 그걸 어떻게 아직도 기억하느냐고 물었더니 이렇게 대답한다.

"아 그거. 어렸을 때 엄마가 매일 해줬던 말이라서 귀에 남아 있죠."

22 영상매체는 절제해서 보여주어라

영상매체를 무비판적으로 보여주지 마라

우리나라 가정에는 거의 예외 없이 거실에 커다란 TV가 한자리를 차지하고 있다. 가족들은 휴일이나 주말이 되면 대화 대신 온종일 TV를 보며 시간을 보낸다.

반면에 유대인 가정은 거실이 대부분 서재로 꾸며져 있으며 TV가 있더라도 한쪽 구석에 있을 뿐이다. 또한 TV를 볼 때도 대개 부모와 함께 본다. TV 시청 후에는 함께 본 프로그램에 대해 대화를 통해 서로의 생각을 나눈 후 재해석해보는 시간을 가진다.

유대인들이 아이들에게 TV 등 영상물을 절제해서 보여주는 것은 크게 세 가지 이유 때문이다.

첫째, 어려서부터 자극적인 영상물에 노출된 아이들은 자라면서 자극적인 것에 점점 무감각해진다. 그리고 웬만한 영상에는 자극을 느끼지 못하고 싫증을 느낀다. 이렇게 되면 아무리 교육적으로 좋은 내용이라도 아이들에게 그 내용이 전달되지 않는다. 그러다 보면 더욱 자극적이고 강렬한 영상교육을 할 수밖에 없게 된다.

둘째, TV뿐만 아니라 인터넷 등 각종 영상매체에 노출될수록 아이의 사고력이 크게 저하된다. 영상매체는 뇌의 기능 중 종합판단력을 주관하는 전두엽의 기능을 자극하지 않기 때문에 아이의 판단력과 분석력을 퇴화시킨다. 즉, 영상매체의 화면을 통해 들어오는 정보는 뇌의 시각피질로 전달된 후 종합판단을 해야 할 전두엽을 통하지 않고 운동을 주관하는 뇌 영역으로 전송된다. 따라서 아이가 TV나 게임기 앞에 몇 시간씩 집중하여 앉아 있으면, 그 아이의 뇌로는 제대로 된 정보가 들어오지 않아, 종합판단 능력이 떨어져서 머리가 텅 빈 상태가 되고 만다. TV를 바보상자라고 부르는 이유가 여기에 있다.

셋째, 아이가 영상매체에 노출될수록 대인관계 능력을 개발하지 못하게 되어 사회성을 잃어버리게 된다. 영상매체 중 DVD를 반복해서 보고, 게임을 계속해서 하게 되면 아이는 자기가 보고 싶은 것만을 볼 수 있다고 생각하게 된다. 그 결과 아이의 언

어발달이 지연되고 다른 사람과 시선을 맞추지 못하게 되는 등 대인관계 기술도 터득하지 못하게 된다. 그리고 다른 사람과 함께 있는 것을 귀찮아할뿐더러 대화는 더더욱 기피하는 경향을 띠게 된다.

영상매체를 잘 활용하라

일반적으로 영상매체를 기피하는 유대인들도 예외적으로 서슴없이 영상매체를 적극적으로 활용하는 때가 있다. 그것은 유대인의 아픈 역사를 다룬 다큐멘터리를 보여줄 때이다.

유대인들은 제2차 세계대전에서 나치에 의해 대량 학살을 당하는 장면을 생생하게 담은 영상물을 아이들에게 여과 없이 보여준다. 유대인 부모는 그런 장면을 자녀들에게 보여줌으로써 앞으로는 그런 슬픈 역사가 반복되지 않아야 한다는 메시지를 은연중에 아이들의 가슴속에 심어준다.

확실히 TV, DVD, 인터넷 등의 영상매체가 아이의 뇌 발달이나 정서발달, 건강에 좋지 않은 영향을 끼치는 것은 분명하다. 그렇다고 갑자기 아이에게 아무런 영상매체도 이용하지 못하게 하는 것은 어려운 일이므로 하루에 일정 시간을 정해 놓고 지키게 하되, TV를 보거나 컴퓨터를 하는 시간을 단계적으로 줄여나가는 것이 좋다. 또한 좀 더 적극적인 대안으로 TV 프로그램을 아이와 함께 본 후, 관련된 주제로 토론이나 대화를 하며 영상매체를 긍정적으로 이용해보는 방법도 있다.

23 시간 활용의 중요성을 가르쳐라

시간은 금보다 귀하다

『탈무드』에는 "날마다 오늘이 너의 최후의 날이라고 생각하라"라는 말이 있다. 하루하루 한순간 한순간을 전 인생을 사는 것처럼 최선을 다하라는 유대인의 생활태도를 보여주는 말이다. 유대인들은 아이들이 어렸을 때부터 시간에 대한 중요성을 강조하고 자녀에게 시간을 아껴 쓰도록 가르친다. 또한 아이들에게 시간을 낭비하지 않도록 하루의 시간표를 짜서 그대로 따르는 훈련을 하게 한다.

아이들이 스스로 자신의 일을 할 수 있는 나이가 되면 작은 일부터 주어진 시간 내에 혼자 힘으로 하는 것을 몸에 익히게 한다.

시간을 어떻게 분배하고 활용해야 할지에 대해서도 자세하게 가르친다. 유대인 아이들은 이렇게 자신이 해야 할 일을 정해진 시간 내에 해내는 습관을 어려서부터 자연스럽게 몸으로 체득하며 성장한다.

유대인 아이들은 남자는 열세 살, 여자는 열두 살이 되면 성인식을 치른다. 유대인들이 다른 민족에 비해 이른 시기에 성인식을 치르는 것은 어려서부터 독립심을 길러주기 위해서이다. 유대인은 이때부터 정식으로 아이를 독립적 인격체로 대하며, 유대의 율법과 전통에 대한 책임을 지게 하고 공동체 생활의 모든 영역에 참여하게 한다.

성인식 날 아이는 성인식에 초대받은 친척들과 손님들로부터 축하의 메시지와 함께 많은 선물을 받는다. 성인식 선물로 빠지지 않는 것이 있다. 그것은 바로 손목시계이다. 시간을 잘 관리하고 우선순위에 따라 일을 진행하라는 당부와 격려의 의미에서 손목시계를 선물하는 것이다.

유대인의 시간관리 교육의 핵심은 우선순위에 따라 시간을 분배해서 정해진 일을 완수하는 것이다. 먼저 그들은 오늘 해야 할 일의 리스트를 기록한다. 그날

해야 할 일 중에서 중요하고 급한 일, 중요하지만 덜 급한 일, 중요하지는 않지만 급한 일, 중요하지도 급하지도 않은 일 등의 순으로 차근차근 정리한다. 우선순위대로 시간을 배정한 뒤 시간 계획표를 세워 일을 진행해나간다.

이렇게 하면 비록 그날 계획한 일을 다 못한다고 해도 가장 중요하고 필수적인 일을 먼저 할 수 있기 때문에 시간의 낭비를 최대한 줄이는 장점이 있다. 유대인 아이들은 이러한 시간관리법을 학습스케줄에 그대로 적용하고 있다.

우선순위에 따라 시간을 활용하라

우리나라 부모는 아이가 궁둥이를 붙이고 앉아서 오랫동안 열심히 공부하기를 바란다. 아이가 오랜 시간 책상에 앉아 있는다고 해서 그 시간 내내 쉬지 않고 공부만 하는 것은 아니다. 정해진 시간 내에 우선순위에 따라 공부할 내용에 집중하고 정해진 분량을 마치는 것이 습관이 되지 않으면 아무리 공부를 오래 한다 해도 시간만 낭비하고 만다. 아이가 공부를 열심히 하는데도 성적이 안 올라 고민하고 있다면, 우선순위에 따라 아이의 학습 계획표를 짜서 실천하게 해보면 뜻밖에 좋은 효과를 얻을 수 있다.

유대인 아이들은 대부분 공부를 하기 전에 계획표를 짠다. 그들의 계획표는 우선순위에 따라 매우 상세하게 해야 할 공부의 분량과 내용이 정해져 있다. 그들은 이처럼 어렸을 때부터 계획표에 따라 실천하는 습관이 몸에 배어 있기 때문에, 자기가 정한 시간표대로 그날 공부할 내용을 소화해내고 공부의 양은 차츰 늘려간다.

유대인 부모는 자녀가 계획표대로 진행하지 못하면, 계획한 양이 너무 많지는 않은지 무리한 것은 아닌지 살핀다. 계획대로 어느 정도 목표를 성취했을 때는 아이와 함께 기뻐해주고 칭찬을 아끼지 않는다. 시간이 지나면서 저절로 좋은 결과를 얻은 것이 아니라, 아이가 그 시간의 주인이 되어 성실히 움직여 얻게 된 결과라는 점에 큰 의미를 둔다.

유대인 부모는 시간 관리하는 방법을 아이들에게 전수할 때, 그들 자신이 먼저 확실하게 모범을 보인다. 아이들은 자신은 실천하지 않으면서 자녀에게만 강요하는 부모를 따르지 않기 때문이다.

24 밥상머리 교육이 인성을 조화롭게 발달시킨다

식사시간은 가족 간의 풍성한 대화 시간이기도 하다

유대인 가정의 식탁은 맛있는 음식과 가족 간의 풍성한 대화로 가득하다. 유대인들은 가정을 성전으로 여기기 때문에 가정에 기쁨이 넘치고 가족끼리 화목하며 평안하게 지내는 것을 중요하게 생각한다. 유대인 가정에서 식사시간은 음식만이 아닌 그들의 삶, 즉 문화와 신앙, 경험과 마음을 함께 나누는 의미 있는 시간이다.

유대인 가정에서는 매일 아침, 저녁 식사시간에 부모와 아이들이 식사를 함께 한다. 아침 식사시간에 부모는 출근 준비로, 아이들은 등교 준비로 바쁘기 때문에 아침보다는 주로 저녁 식사시간에 많은 이야기를 나눈다. 부모는 일방적으로 아이들에게 질문을 던지지 않고 일상생활을 주제로 한 자연스러운 대화를 나누면서 아이들의 마음을 읽으려고 노력한다. 그리고 아이들의 이야기를 많이 들어주고 사소한 질문에도 최선을 다해 답하려고 애쓰면서 아이들의 의견에 귀를 기울인다.

엄마: 라헬, 오늘 오후에 소크라테스 산책시켰니?

라헬: 아, 아뇨. 친구 요씨가 놀러 와서 깜빡 잊었어요.

아빠: 친구가 왔을 때 함께 산책하지 그랬니?

라헬: 저도 그럴 생각이었는데 요씨가 강아지를 무서워했어요.

엄마: 네가 꼭 붙들고 있고 머리라도 쓰다듬어 보라고 하지 그랬니?

라헬: 가까이 가는 것도 싫어하던걸요. 그런데 꼬리를 살랑살랑 흔드는 건 귀엽대요.

아빠: 아빠도 어렸을 땐 강아지를 무서워했어. 강아지가 짖으면서 달려온 적이 있었는데 근처에 있던 나무 위로 잽싸게 올라가서 피했지.

라헬: 정말요? 지금은 무서워하지 않으시잖아요. 어떻게 무서워하지 않게 됐어요? 요씨에게도 그 방법을 이야기해주려고요.

아빠: 용감하고 씩씩한 마음을 가지면 되지. 나중에 요씨를 집에 데려오너라. 아빠가 그 방법을 알려줄게.

위의 대화에서 엄마가 "그래도 네가 할 일은 했어야지. 산책시키고 오너라"라고 이야기했다면 대화는 어떻게 전개되었을까? 아이에게 강아지를 산책시켜야 한다는 점에만 초점을 맞췄다면 아빠와의 대화는 자연스럽게 이루어지지 않았을 것이다. 아빠와 라헬과의 대화도 이어질 수 없었을 것이다. 대화에서는 결국 어떤 마음가짐을 갖고 상대방의 이야기를 듣느냐가 중요하다. 아이에 대해 따뜻한 마음, 사랑하는 마음, 인내심을 가지고 이야기를 잘 들어주어야 서로에게 유익하고 즐거운 대화가 이루어진다.

밥상머리 대화가 아이의 인성과 지성을 발달시킨다

이처럼 유대인 가정의 밥상머리에서는 아이가 되도록 많은 이야기를 자연스럽게 꺼낼 수 있도록, 부모가 인내심을 갖고 귀를 기울여준다. 이로써 아이는 엄마 아빠에게 사소한 이야기라도 기꺼이 거짓 없는 마음으로 털어놓을 수 있다.

또한 그들은 가족 간의 모임이나 친척의 경조사, 명절 등에도 반드시 아이들과 함께 참석한다. 그리고 온 가족이 모이는 식사시간에도 너무 어리지 않은 아이라면 다 한 식탁에서 식사하며 대화를 나누는 시간을 갖게 한다. 할머니, 할아버지, 삼촌, 고모, 이모, 사촌 등 서로 다른 성격을 지닌 가족 구성원들을 만나고 이야기를 나누면서 그들이 하는 일, 그들에게 일어났던 일, 앞으로 계획하고 있는 일 등 다양한 내용의 이야기를 접하게 된다.

이렇게 유대인 부모는 아이들이 어릴수록 함께 시간을 보낸다. 그래서 아이가 태어나면 일이나 취미생활보다는 가족이 최우선순위가 된다. 아이들 때문에 나를 포기하는 것이 아니라 이런 과정을 통해 좋은 부모가 되어간다고 믿는다.

가족 간의 식사시간의 중요성을 인식한 미국 하버드대 연구진은 1980년대부터 저소득층 83가구를 대상으로 연구한 결과, 다른 어떤 조건보다 가족과 함께 식사하는 아이의 경우 어휘 습득력이 월등하게 나타났다고 발표했다. 아이가 습득하는 2천여 개의 단어 중 독서로 얻을 수 있는 단어는 1백 40개 정도지만, 가족과의 식사시간 동안 얻는 단어는 무려 1천여 개에 달한다고 한다.

또한 컬럼비아대 약물남용중독관리센터(CASA)의 조사에 따르면, 가족이 모여 식사를 많이 하는 가정의 자녀는 그렇지 않은 동급생에 비해 학업 성적이 A 학점을 2배 이상 많이 받았다고 한다. 청소년의 경우 흡연과 음주, 마약 등에 빠질 확률은 절반 정도로 낮았다고 한다.

이 연구 결과에도 나타나듯이 실제로 가족 간에 함께 식사하는 것만으로도 어휘력과 성적이 향상될 뿐만 아니라 아이들의 탈선 방지에도 도움이 된다는 것을 알 수 있다.

25 조기교육은 아이가 준비되었을 때 시켜라

조기교육은 신중히 해야 한다

"엄마, 피아노 배우고 싶어요."

유치원에 다녀온 아이가 이렇게 이야기한다면 우리 엄마들은 어떻게 반응할까? 피아노를 배우라고 할까, 배우지 말라고 할까? 아마도 대부분의 엄마는 아이 스스로 피아노를 배우겠다고 하면 굳이 배우지 말라고 막지는 않을 것이다.

유대인 엄마들은 아이가 이렇게 이야기하면 가장 먼저 왜 피아노가 배우고 싶은지 아이에게 물어본다. "친구가 배우니까 저도 배워보고 싶어요"라고 대답하면 아이에게 좀 더 생각해보게 한다. "조금 더 시간을 두고 생각해보자. 네가 정말 피아노를 배우고 싶을 때 선생님께 가도록 하자"라고 말하면서.

그런 다음 아이가 피아노 치는 것에 얼마나 관심이 있는지 살펴보면서 피아노와 친근해질 기회를 많이 만들어주려고 노력한다. 예를 들어, 아이를 데리고 피아노가 있는 곳에 가서 직접 피아노를 치면서 소리를 들어보게 하고 음악회나 피아노 연주회에도 데려가고 피아노곡이 담긴 CD를 선물한다.

그 후 피아노에 대한 관심이 어느 정도인지, 피아노 치는 것에 대해 어느 정도 진지하게 생각하고 있는지를 눈여겨보고 피아노에 대한 이야기도 충분히 나누어본다. 그렇게 한동안 아이를 지켜본 후, 피아노를 배우고 싶어 하는 열정이 있다고 느껴질 때에야 비로소 아이를 데리고 피아노 선생님을 찾아간다.

피아노뿐만 아니라 다른 악기도 마찬가지다. 유대인은 일정 연령이 되면 악기교육을 시켜야 한다고 생각하지 않는다. 조기 언어교육이나 예능교육을 시킬 때도 주위 사람들이 한다고 맹목적으로 따라 하지 않는다.

어떤 것을 새로 시작하고 배울 때는, 아이 스스로 배우고 싶다는 동기가 분명하고 그것을 배우면서 즐겁고 행복해야 한다는 게 공통된 생각이다. 그래서 이스라엘에서는 유치원 연령의 아이들 중 피아노를 배우는 아이들이 그리 많지 않다.

유대인은 언어나 예능 분야에서의 조기교육도 중요하지만 조기 인성교육이 더 중요하다고 강조한다. 아이들에게 좋은 성격, 좋은 습관, 바른 예절을 갖추도록 어려서부터 분명하게 가르치는 것이 기본적인 조기교육이라고 생각하는 것이다. 그래서 대부분의 유대인 아이들은 인사하기, 시간 약속 잘 지키기, 상대방 배려하기, 경청하기, 몸을 청결히 하기, 저축하기, 긍정적으로 사고하기, 친절, 정직, 협동 등 인성교육에 있어 기본적인 것을 어려서부터 배우고 실천한다.

조기교육 꼭 해야 하나?

큰 아이 태은이가 유치원생이었을 때, 한 아이가 학원을 여덟 곳이나 다닌다는 이야기를 듣고 어떤 학원에 다니는지 일일이 세어 본 적이 있다. 피아노와 미술, 수영은 기본이고 영어, 수학, 독서, 종이접기, 가베였다. 아이가 어떻게 학원을 여덟 군데나 다닐 수 있느냐고 아이의 엄마에게 물어보았더니 유치원이 끝나면 엄마가 기다리고 있는 차에 와서 간식을 먹고 시간표대로 움직인다고 했다.

스케줄대로 따라주는 아이가 대단하다는 생각보다는 안쓰럽다는 생각이 더 많이 들었다. 중간 중간 쉬는 시간이 생기면 차에 와서 잠시 눈을 붙이면서 이동한다고 했다. 그렇게 많은 걸 꼭 한꺼번에 해야 하느냐고 묻자, 어릴 때 그렇게 해야 어떤 것을 정말 잘하고 좋아하는지 파악하여 그것에 집중할 수 있지 않겠느냐는 대답에 더는 할 말이 없었다.

그런데 요즘 아이들은 아이돌 키우듯 두 살부터 '입시 스펙'을 쌓는다고 하니 그야말로 태어나자마자 전쟁이 시작되는 것 아닌가. 어찌 된 일인지 예전에 우리가 학교 다닐 때보다 교육 현실이 더 나빠지고 있다는 생각이 든다. 현실이 이렇다 보니 젊은이들은 결혼을 기피하고, 교육시키기 힘들다고 아이를 낳지 않겠다고 하는 것 아닐까.

어린이 대공원에 있는 어린이헌장 네 번째 조항에는 이렇게 쓰여 있다.

'어린이는 공부나 일이 몸과 마음에 짐이 되지 않아야 한다.'

부모로서 아이의 행복을 진정으로 원한다면 이 말을 가슴에 새겨야 할 것이다.

26 워킹맘도 학부모회의에 참여할 수 있게 하라

유대인 학부모회의는 저녁 7시에 열린다

"니심, 엄마와 아빠는 너희 학교에 다녀올 테니 9시 넘으면 오늘은 혼자서 잘 준비하고 자거라."

"네. 오늘이 학부모회의 날이에요?"

"그래."

"다녀오세요."

유대인의 학부모회의는 저녁 7시쯤 열린다. 유대인 부모들은 일과를 마치고 저녁 식사를 한 다음 학교에 모인다. 이스라엘처럼 학교와 학부모가 긴밀하게 협조하는 나라도 드물다. 유대인의 학부모회의는 매월 1회 이상 반별로 모이는데 특별한 일이 없으면 95% 이상의 높은 출석률을 보인다. 어머니들뿐 아니라 아버지들도 25%나 참석한다.

학부모회의에서 담임교사는 학교에서 가르치고 있는 내용에 대해 설명하고 가정에서의 협조사항을 전달한다. 그 후 학급 운영에 대해 부모들과 의견을 나눈다. 학부모회의에서의 토론은 무척 자연스럽고 활기차다. 학교에서 정한 내용을 일방적으로 통보하는 것이 아니라 부모들의 의견을 충분히 받아들여 결론을 내린다.

유대인 부모는 자기 아이에게만 유리한 개인적인 욕심을 부리지 않는다. 그들은 아이들 모두가 자신의 자녀라고 생각하며 남의 아이를 위하는 것이 바로 자기 아이를 위하는 일이라고 믿는다. 담임교사는 2~3개월에 한 번씩 부모와 개별 상담을 하면서 아이의 성격이나 학습태도, 관심 분야, 친구관계 등 아이와 관련

된 구체적인 내용을 이야기한다.

유대인 부모는 교사를 어려워하거나 만나는 일을 꺼리지 않는다. 그들은 교사를 존경하고 친구처럼 편안하게 생각한다. 마음으로 부담을 느끼거나 거리를 두지 않는다. 그래서 교사와 만나 아이에 대한 이야기를 허심탄회하게 나누는 부모들의 모습은 지극히 자연스럽다.

학부모회의 시간은 경우에 따라 부모를 위한 교육시간으로 활용되기도 한다. 연 2회 정도는 전문 강사를 초빙해서 부모들을 위한 강의를 한다. 강연은 주로 가정교육, 아동심리학, 학교 활동에 관한 것으로 이 시간을 통해 부모들이 아이들의 발달단계나 심리상태를 바르게 이해할 수 있도록 돕는다. 유대인 부모는 일일 교사나 보조 교사로 유치원이나 학교에 나와 봉사하기도 한다.

유대인의 교육은 교사나 유치원, 학교 위주가 아니다. 그들은 모든 교육이 부모와 아이, 학교가 서로 협조하며 이루어지는 것이 바람직하다고 생각한다. 아이와 교사, 부모를 함께 하는 교육의 주체로 여기기 때문이다.

워킹맘에게도 학부모회의에 참가할 기회를 주어라

얼마 전 한 일간지에서 워킹맘에 대한 배려가 필요하다는 기사를 읽었다. 출산 후 보육 시설과 육아 도우미, 친어머니, 시어머니를 오가며 용케 버틴 워킹맘들도 자녀교육 문제에 부딪혀 일을 접는 경우가 많다는 것이다. 주로 낮에 열리는 학교의 학부모 모임에 참여하기 어렵고, 전업주부 엄마들이 주도하는 반 모임에는 거의 끼지 못할 뿐 아니라 아이의 성적 관리, 입시준비를 위해 어쩔 수 없이 직장을 그만두는 워킹맘들이 생기고 있다는 내용이었다.

삼성경제연구소가 2010년 9월에 워킹맘 1,931명을 대상으로 설문 조사한 결과에서도 워킹맘이 아이를 키우면서 가장 힘들어 하는 이유는 '엄마 네트워크에서 소외되는 것'(44.4%)이었다. 엄마들 모임에 끼지 못하고 겉도는 것 때문에 힘들다는 것이다.

일부 까다로운 전업주부 엄마들은 엄마가 워킹맘인 아이들의 집에 자신의 아이들이 놀러 가는 것도 꺼린다고 한다. 아이들을 챙겨주는 엄마가 없는 집에 아이를 보내는 것을 내켜 하지 않는 것이다. 여의사인 내 친구도 아들이 고등학교에 가면서부터 아이를 위해 한 달에 한 번 오후 시간 진료를 포기하고 학교에서 열리는 학부모 모임에 참석했었다.

이스라엘처럼 학부모회의를 저녁에 열어 자녀교육을 위해 서로 의견을 교환하는 모임에서 소외되는 우리 사회의 워킹맘들도 학교에서 열리는 학부모회의에 참석할 수 있게 되길 바란다.

27 가정교육은 엄마에게 맡겨라

엄마가 유대인이어야 자식도 유대인이 된다

유대인이 될 수 있는 조건에는 두 가지가 있다. 첫째, 부모가 모두 유대인이면 세계 어느 나라에서 태어나든 그 아이는 유대인이 된다. 설사 유대교 전통을 지키지 않는다 할지라도 부모 모두 유대인이면 아이는 유대인으로 인정받는다.

둘째, 부모 중 엄마가 유대인이면 아이는 자동으로 유대인이 되지만 엄마가 유대인이 아닌 이방인일 때는 아버지가 유대인이라 하더라도 그 자녀는 유대인이 될 수 없다. 그런 경우에는 어머니가 유대교로 개종해야 한다.

유대인이 되기 위한 전제 조건으로 엄마가 유대인이어야 한다고 하는 데에는 아이들의 교육에 있어 엄마의 역할이 그만큼 중요하기 때문이다. 미국에서는 'Jewish mother'('유대인 어머니'는 곧 '교육의 어머니'라는 뜻)'라는 말이 생겨날 정도로 유대인 어머니는 자녀교육에 열정적이다. 이 말에는 교육에 극성스럽다는 부정적인 의미도 담겨 있지만, 유대인 어머니의 교육방식은 우리나라를 포함한 동양 엄마들의 교육열과는 사뭇 다르다.

유대인 어머니는 아이에게 다양한 학습을 할 수 있도록 여건을 마련해주지만, 그중에서도 각자의 재능을 살려주는 교육을 강조한다. 자신의 아이가 어떤 고정적인 틀에 맞추어 다른 아이들과 똑같이 행동하는 것을 바라지 않는다. 왜냐하면 아이가 자기만의 재능을 갖고 자라면 그것만으로 아이의 일생이 풍요로워질 뿐만 아니라, 다른 사람과 함께 사회에서 공존하면서 평화롭게 살

수 있기 때문이다.

그래서 유대인 어머니는 친척이나 주변에 아는 사람의 자녀가 일류대학에 진학했다고 해서, 자기 자식의 적성과 성적에 상관없이 무조건 그 학교에 진학하라고 강요하지 않는다. 적성에 가장 잘 맞는 전공을 찾아 즐겁게 배우고 능력을 기른 후, 사회에 나가 자신의 분야에서 최고가 되라고 한다.

유대인 어머니는 전통과 역사, 종교의식 교육도 담당한다

유대인 어머니는 아이의 양육과 학습에 관여하는 것뿐만 아니라 유대인만의 전통과 역사, 종교의식 또한 가르친다. 유대인 어머니를 교육적인 면에서보다, 유대인으로 태어나 유대인적인 색깔을 지닐 수 있도록 아이를 키우는 주체로 이해하면 '교육의 어머니'라는 말을 제대로 이해하는 것이라고 할 수 있다.

유대인 아이들은 어머니를 통해 아주 어릴 때부터 유대의 명절과 역사, 예법 등을 몸에 익히며 자라난다. 유대의 법률을 '할라카'라고 하는데, 이것은 결혼과 장례, 음식을 먹고 조리하는 법(코셔법) 등 생활 전반에 영향을 미친다. 이 유대의 법률은 유대인의 특성이 진하게 깔려 있어 유대인만의 독특한 생활양식과 의식을 살펴보는 데 더없이 좋은 자료가 된다.

  유대인 가정의 아버지도 아이를 유대인답게 키우는 데 많은 영향을 주고는 있지만, 심리적으로나 환경적으로 아이와 긴밀하게 접촉하는 사람은 어머니이기 때문에 유대인의 고유한 색을 지니게 하는 것은 아버지보다 어머니라고 할 수 있다. 그래서 유대인으로 인정받기 위해서는 아버지가 아닌 어머니가 유대인이 되어야 한다는 조건이 따르는 것이다.

28 다양한 주제를 깊이 있게 경험하는 영재로 키워라

영재라도 평범한 아이로 자라기를 바라는 유대인 부모

아이를 키우는 보통의 부모들은 자기 아이가 그 누구보다 뛰어나기를 바란다. 아이가 학교 공부에서 반짝반짝 빛을 발하며 두각을 나타내면 그 아이의 부모는 주변 사람들의 부러움의 대상이 되기도 한다.

그런데 유대인들은 아이가 남보다 특출난 것을 그다지 자랑거리로 여기거나 크게 좋아하지 않는다. 평범하고 행복한 아이로 자라기를 바라기 때문이다. 그래서 그들에게는 특별한 조기교육이나 영재교육이 없다. 그들은 평범한 한 사람 한 사람이 모여서 조화를 이룬 사회가 발전한다고 믿는다.

자신의 아이가 사회의 한 구성원으로 역할을 충실히 해나갈 수 있는 사람으로 성장하도록 가정과 학교, 사회가 서로 도와야 한다고 생각한다. 유대인은 어릴 때부터 혼자 특별히 잘나고 돋보이는 사람이 되라고 하기보다 공동체 속에서 여러 사람과 어울릴 수 있는 사람이 되라고 가르친다.

내가 주한 이스라엘 대사관에서 일할 때 만난 한 이스라엘 부부를 통해서도, 아이가 특별하게 자라기보다 평범하게 자라기를 바라는 유대인 부모의 마음을 확인할 수 있었다. 그 유대인 부부는 아이를 이스라엘에서 유치원에 보내다가 대사관에서 근무하기 위해 한국에 온 외교관이었다.

그들의 아이는 이스라엘에서 유치원을 졸업할 때쯤 초등학교에 입학하기 위한 시험을 쳤는데 매우 높은 점수를 받았다. 그 아이는 입학하여 1학년 수업을 받지 않고 월반해서 2학년 수업을 받으라는 통지를 받았다. 그러나 아이의 부모는 기쁘기보다 걱정이 앞섰다고 했다. 아이의 부모는 아이가 또래들과 자연스럽게 어울려 놀고 공부하고 친구와 사귀기를 더 바랐다. 월반해서 2학년 수업을 듣다가 아이가 적응하지 못하면 다시 1학년으로 돌아가야 하는데, 아이의 엄마는 그럴 경우 아이가 입게 될 심리적 타격이 우려된다고 말했다. 아이가 평범하지 않은 뛰어난 아이로 인식

되는 것을 원하지 않는다는 것이었다. 그래서 결국 월반을 시키지 않고 1학년에 들여보냈다.

유대인의 영재교육은 평범하다

이스라엘에서는 초등학교 2, 3학년 때 국가에서 시행하는 영재 선발시험을 보고 시험을 통해 선발된 상위 3%의 아이들에게 영재교육을 시킨다. 영재교육 분야는 음악, 무용, 미술 등 예능 분야와 언어, 수학, 과학, 컴퓨터 등의 일반 학문 분야로 나누어져 있다. 영재교육은 일반 학교 내의 특수학급 운영, 주말교육, 방과 후 심화학급, 영재 기숙학교에서 진행한다.

이스라엘에서 영재란 우리나라와는 달리 학습지능만 높은 아이가 아니라 특정 분야에서 뛰어난 재능을 가진 아이를 가리킨

다. 영재로 선발된 아이들은 방과 후에 영재 프로그램에 참여한다. 수업 내용도 음악 감상, 리더십, 유머, 로봇 조립, 컴퓨터, 기계 수리, 천문학, 시사토론 등 다양하게 마련되어 있다. 아이들 스스로 흥미 있는 과목을 선택해서 수업을 듣게 하고 그 과정에서 자신의 관심사를 발견하라는 것이다. 관심이 한 분야에만 집중되지 않도록 과목 선택을 조정하기도 한다.

과학 영재라고 해서 과학 분야만 집중적으로 교육하는 것이 아니라, 창의력 과목도 듣게 하여 논리력과 창의력이 함께 상승작용을 일으킬 수 있도록 돕는다. 이 원칙은 예술 분야 영재들에게도 마찬가지다. 이스라엘 예술과학 영재학교(Israel Arts and Science Academy)는 수학, 과학, 예술 분야의 학생들을 선발하여 창의성과 음악, 예술을 통합하는 교육을 하고 있다. 즉, 이스라엘의 영재교육은 학교 공부를 일찍 마치는 속성교육이 아니라 공식적으로 학교 교과 과정에 포함되지 않는 다양한 주제를 폭넓고 깊이 있게 경험하게 하는 교육이라고 할 수 있다. 과학과 예술은 가장 창의력이 필요한 분야로서 두 분야가 상호교류를 할 때 가장 아름다운 조화를 이루고 큰 성과를 낼 수 있다.

유대인 영재교육의 특징 중의 또 다른 하나는 봉사하는 엘리트로 키우는 것이다. 그래서 영재교육을 받는 학생들은 일주일에 한 번 봉사활동이나 노동 프로그램에 참여한다. 예를 들어 이스라엘 사회의 가장 그늘진 곳을 찾아가 그곳에서 어렵게 살아가는 취약계층을 돕거나 땅을 일구는 등 육체적인 노동을 하는 것이다.

이로 보건대 유대인 영재교육의 핵심은 자신의 능력을 최대한 활용하여, 사회에 기여하는 인재로 성장시키는 데 있다고 할 수 있다.

29 유아교육은 유대인처럼 하라

아이에게 숫자나 문자를 가르치지 마라

이스라엘에서는 다른 어느 나라보다도 유아교육을 강조한다. 그래서 4세가 되면 유대인 어린이의 90%가 '크담호바'라는 국립 유치원에서 교육을 받는다. 만 5세가 되면 '간호바'라는 유치원과 어린이집에 의무적으로 입학한다. 이때부터 국가나 국가의 보조를 받는 단체에서 모든 시설과 인력을 갖추고 무료로 교육하는 국민의무교육이 시작된다. 유치원과 어린이집은 성격은 비슷하지만, 부모의 직장 시간에 따라 취사 선택해서 아이들을 교육시킨다.

먼저 유치원에 대해서 알아보자. 유치원 교육은 예절 교육, 지능 개발을 위한 그림 그리기, 만들기, 노래 부르기 등이 중요한 일과이다. 재미있게 노는 과정에서 말하고 행동하는 것을 배우며 판단력이나 이해력을 키워주는 데 노력한다. 그러나 문자나 수의 개념은 가르칠 수 없게 되어 있다.

유대인의 유치원의 일과는 다음과 같다. 아이들은 늦어도 8시 20분쯤에는 모두 유치원에 온다. 선생님은 재미있는 질문을 하거나 노래를 부르면서 30분 정도 아이들과 대화를 한다.

이어지는 놀이 시간에는 3~4세, 5~6세 등 연령에 따라 아이들이 몸을 되도록 많이 움직이면서 놀 수 있게 한다. 3세 아이들에게는 밀가루나 찰흙으로 만들기를 하게 하고, 도형 모양으로 오려 놓은 색종이를 붙이게 한다. 4세쯤 되면 가위질을 할 수 있을 만큼 손 근육이 유연해진다고 한다. 아이들은 놀이 시간을 통하여 신체가 유연해지고 창의력이 풍부해진다.

선생님은 아이들에게 많은 종류의 놀이를 하도록 자극하고 호기심을 유발시켜 아이가 다양한 경험과 반응을 하도록 늘 신경을 쓴다.

유대인이 일반적으로 호기심이 많고 쉽게 지루함을 느끼지 않는 것은 어릴 때부터 끊임없이 무엇인가에 의해 자극받고 그에 대해 반응을 하면서 자랐기 때문이다.

학습보다는 체험을 중요시하는 유대인의 유아교육

놀이 시간이 끝나면 아이들은 간식을 먹는다. 간식을 먹는 동안 선생님은 아이가 음식을 흘리고 옷에 묻어도 도와주는 일이 없다. 혼자서 음식 먹는 습관을 들이기 위해서다. 간식을 먹고 나면 자유시간이다. 정오가 될 때까지 아이들은 그림을 그리거나 자기가 하고 싶은 것을 하면서 시간을 보낸다.

자유시간이 끝나면 이야기 듣기와 자유 토론 시간이 이어진다. 선생님은 아이들에게 짧은 이야기를 들려주고 그 내용에 대한 대화 시간을 가진다. 아이들끼리 자유롭게 토론할 수 있게 주제를 정해주기도 한다. 토론이 끝난 후에는 유치원에서의 일과를 정리하고 오후 1시가 되면 아이들은 집으로 돌아간다.

이스라엘의 유치원에서는 4~6세의 아이가 같은 반에서 공부하는 경우도 있다. 지적 발달 정도가 다른 아이들을 한 반에 모아놓고 학습을 하는 것은 동생들이 나이가 많은 형들의 행동을 모방하게 하고, 형들은 나이가 어린 아이들을 잘 보살펴줘야 한다는 책임감을 키워주기 위함이다.

둘째, 어린이집에 대해서 알아보자. 이스라엘에는 유치원과 성격이 비슷한 '어린이집'이란 것이 있다. 어린이집은 국가 보조를 받는 큰 여성 단체에서 운영하는 것으로 '나아맛', '비쪼'가 이에 속한다.

어린이집은 유치원과 교육 내용이 거의 일치하지만 시작하는 시간과 끝나는 시간은 다르다. 유치원은 아침 8시에 시작해서 오후 1시가 되면 끝나지만, 어린이집은 아침 7시에 시작해서 부모들이 아이를 데리러 오는 오후 4시에 끝난다. 어린이집에 다니는 아이들은 유치원과는 달리 아침 식사를 어린이집에서 먹는다.

이렇게 유대인의 유아교육 체계는 우리와 매우 유사하나 교육 내용은 다르다는 것을 알 수 있다. 우리의 유아교육이 학습 중심이라면 유대인의 유아교육은 체험, 질문과 토론, 창의성 중심 교육이라는 것이 큰 차이점이라고 할 수 있다.

Chapter 4

배려하는 아이가 따뜻한 세상을 만든다

30 마잘 톱!
아이가 실수할 때
칭찬해주어라

유대인은 아이의 실수를 축하해준다

엘리: 아빠, 화분을 깨뜨렸어요.

아빠: 마잘 톱! 어쩌다 그랬니?

엘리: 화분과 모종삽을 함께 옮기려고 화분 위에 모종삽을 얹고 들어 올리는데 모종삽이 흔들거렸어요. 그래서 그걸 잡으려다가 화분을 놓쳤어요.

아빠: 두 개를 한꺼번에 옮기려다 그랬구나.

엘리: 무겁지 않아서 한 번에 들 수 있었어요.

아빠: 화분은 깨졌지만 실수를 통해서 새로운 것을 하나 배울 수 있게 됐구나. 축하한다.

마잘 톱이란 히브리어로 '축하한다'라는 뜻이다.

아이들은 자라면서 크고 작은 실수를 많이 한다. 엄마가 아끼는 접시나 유리잔을 깨뜨리기도 하고 가지고 놀던 장난감을 떨어뜨려 망가뜨리기도 한다. 그런데 유대인 부모는 아이가 접시나 물건을 깨뜨리는 바로 그 순간 '마잘 톱!'이라고 말하면서 손뼉을 쳐준다.

나는 이스라엘에서 처음 그런 상황을 접했을 때 '새로운 접시를 살 수 있게 되어 잘되었다고 하는 걸까?', '모든 일을 긍정적으로 받아들이려는 노력인가?' 등 여러 가지 생각이 들었다.

유대인은 아이의 '실수'는 성장 과정에서 겪게 되는 다양한 경험 중 하나라고 여긴다. 즉, 유대인 부모는 아이들이 접시나 화분을 깨는 것은 밥을 먹다가 흘리는 것과 같이, 아직 신체 발육이 완성되지 않았기 때문에 그러한 실수를 할 수도 있다고 이해한다.

아이가 실수로 접시를 깼다고 무조건 야단부터 치면, 두려움으로 주눅이 들 수밖에 없다. 아이가 자신의 실수로 말미암아 불안해하고 있을 때 부모의 꾸중까지 듣게 되면 이중으로 상처를 받기 때문이다.

아이의 마음은 얇은 유리와 같아서 조심해서 다루지 않으면 깨지기 쉬우며 한 번 깨진 유리는 다시 원상태로 되돌리기 어렵다. 그래서 유대인 부모는 아이가 실수를 하면 윽박지르지 않고 축하해주며 아이가 정서적으로 경직되지 않도록 세심하게 배려한다.

나는 아이의 실수에 대한 유대인 부모의 이러한 긍정적인 태도가 유대인의 창의성의 원천이 된다고 생각한다. 구글을 만든 세르게이 브린과 래리 페이지, 페이스북으로 소셜네트워크를 장악한 마크 주커버그의 창의성도 분명히 실수할 때마다 격려해준 유대인 부모의 전적인 신뢰에서 싹틀 수 있었다고 보기 때문이다.

유대인 부모는 성공이 가장 최선이지만 설령 실패한다고 해도 그것은 부끄러운 일이 아니라 오히려 자신의 삶에 보탬이 되는 더없이 소중한 경험 하나가 쌓이게 되는 것이라고 생각한다. 그래서 아이에게 두려워하지 말고 과감하게 도전하라고 가르친다.

실수를 용납하지 않는 대한민국

우리나라는 전통적으로 부모의 권위주의가 워낙 강해서 자녀가 조그만 실수를 해도 혹독한 대가를 치르게 했다. 이러한 가정환경에서 자란 아이는 성장해서도 자기 뜻대로 어떤 일을 주도적으로 하기보다는 실수를 할까 봐 매사에 조심하고 신중하며 좀처럼 모험을 시도하려고 하지 않는다. 따라서 이런 사람에게 창의적으로 자기 세계를 개척해나가라고 해봤자 아무 소용이 없는 일이다.

얼마 전 서울대 융합대학원 원장인 안철수 교수는 한 TV 프로그램에서 우리 사회를 실패를 용납하지 않는 사회로 규정했다. 안 교수는 창의성이 주도하는 무한경쟁의 시대에서는 리스크를 감수할 수 있어야 시대를 이끌어가는 패스트 무버(시장을 이끌어가는 개척자)가 될 수 있다고 했다. 우리처럼 실수를 절대 용납하지 못한다면 우리나라를 대표하는 대기업도 망할 수밖에 없다고 신랄하게 비판했다. 또 앞으로 실패를 인정하는 문화를 빠르게 정착시키지 않으면 우리의 미래는 암울하다고 전망했다.

실패를 너그럽게 받아주는 문화, 아니 격려하는 문화는 어디에서부터 시작되어야 할까? 나는 유대인의 가정에서 그 답을 찾았다. 유대인들은 가정에서 아이가 실수하면 야단치거나 체벌하는 대신, 누구든 실수할 수 있다고 다독여준다.

이제 우리도 아이가 실수했다고 무조건 나무라기보다는, 아이의 성장 과정에서 당연히 있을 수 있는 일이라고 생각해보자. 그리고 한 템포 쉬어간다는 마음으로 아이의 실수를 용납해주고 따뜻하게 한번 안아주자. 이렇게 실수를 해도 따뜻한 사랑으로 지지를 받은 아이는, 실패를 두려워하는 대신 자기 세계를 마음껏 펼쳐나가는 창조적인 리더로 성장하게 될 것이다.

31 돈으로 선물을 대신하지 마라

유대인은 아이에게 돈의 가치를 전수한다

오늘날 유대인은 미국 전체 인구의 2%에 불과할 정도로 소수에 지나지 않는다. 그러나 그들은 미국 전체 국민소득의 15%를 벌어들이고 있다. 미국의 경제 전반에 걸쳐 유대인의 영향력이 미치지 않는 곳은 없지만, 유대인의 활약이 가장 돋보이는 분야는 역시 금융이다. 세계 금융의 중심이라 불리는 골드만삭스, JP모건 등은 유대계 은행이다. 미국의 경제 대통령이라 불리는 앨런 그린스펀과 버냉키, 헤지펀드의 황제 조지 소로스 등도 모두 유대인이다.

유대인의 돈에 대한 가치관은 성서를 보면 잘 나타나 있다. 신약 성서 〈마태복음〉에는 여행을 떠나는 주인이 세 명의 종에게 각기 열 달란트, 다섯 달란트, 한 달란트를 맡긴다. 이 돈으로 장사를 해서 이윤을 남긴 종은 주인에게 칭찬을 받고, 돈을 땅에 묻어두고 이윤을 늘리지 못한 종은 호되게 질책받는 일화가 나온다. 이 일화를 읽어보면 유대인들이 금전을 얼마나 적극적으로 활용하는지 잘 알 수 있다.

돈에 대한 유대인들의 태도는 탈무드적인 가치관에서 비롯된다. 금전을 비롯한 물질적인 것을 추구하는 것 자체를 금하는 다른 종교와는 달리 유대교에서는 돈을 나쁘게 여기지 않는다.『탈무드』에서도 돈에 대한 긍정적인 표현들을 많이 찾아볼 수 있다. 예를 들면 '경제적으로 성공한 자가 신과 함께할 가치가 있다'와 같은 구절이다. 이런 탈무드적인 가치관으로 유대인은 돈에 대해 매우 긍정적이다.

돈에 대해 적극적인 유대인은 일찍부터 아이들에게 경제교육을 시킨다. 유대인은 자녀들에게 "돈은 악도, 저주도 아니다. 돈은 인간을 축복해주는 고마운 친구다. 그러니 돈을 빌리는 것을 창피해하지 말고 돈을 빌려주는 것을 자랑하지 마라"라고 가르친다. 그들은 이렇게 돈을 지나치게 숭배하지도 않지만 경시하지도 않는, 균형 있는 경제관념을 아이들에게 심어준다. 또 경제교육을 통해 자립심 있는 아이로 키우기 위해 애쓴다.

유대인 부모는 아이들에게 학교에서 민족의 재난이나 불우이웃을 돕기 위해 직접 과자를 팔게 한다. 아이들은 학교에서 과자를 팔아 생긴 돈으로 이스라엘 평화기금을 마련하거나 여행 경비를 충당하고, 가난한 사람들을 돕는다. 스스로 용돈을 벌면서 성취감을 느끼는 것이다. 또 어려서부터 부모에게서 경제적으로 자립할 수 있는 토대를 마련하기도 한다.

이런 면에서 유대인의 경제교육은 어려서부터 돈을 지나치게 밝히는 것은 옳지 않다는 우리의 금욕주의적 사고방식과는 많은 차이가 있다. 유대인은 돈을 천시하지 않는다. 돈은 현실에서 매우 유용한 것이기 때문에 적극적으로 추구해야 한다고 가르친다. 그러나 돈에 대해 매우 적극적인 사고방식을 지닌 유대인도 돈의 가치를 제대로 알지 못하는 어린아이들에게는 돈으로 선물을 대신하지 않는다.

아이에게 금욕주의를 강요하지 마라

우리나라에서는 명절이나 친척들이 오래간만에 모이면 집안 어른이 아이들에게 용돈을 주며 "네가 사고 싶은 것 사서 써라"고 말한다. 이런 경우 아이들은 평소에 사고 싶던 장난감이나 게임기 등을 사려고 한다. 이런 일이 반복되다 보면 아이들은 선물로 받은 돈은 자기들이 원하는 대로 마음껏 써도 된다는 생각을 하게 될 수도 있다.

하지만 유대인은 남의 집을 방문하면서 아이에게 주라고 돈을 건네는 일은 좀처럼 없다. 남의 집 가정교육에 영향을 미칠지 모르는 행동을 하지 않는 것이다. 혹시라도 집을 방문하는 사람이 돌아가는 길에 "아이에게 주세요"라며 돈을 주고 가는 일이 있더라도, 유대인 부모는 "마음 따뜻한 분이 돈을 주고 가셨단다. 고마운 선물을 받았다고 생각해"라고 말하면서 아이에게 돈을 준다.

유대인은 어떤 선물이든 주는 사람의 깊은 마음과 의미가 담겨 있어야 한다고 생각한다. 그러므로 부모와 자녀 사이에 주고받는 선물도 따뜻한 유대감을 확인시켜줄 수 있는 것으로 준비하려고 노력한다.

우리나라 부모는 흔히 "어려서부터 너무 돈을 밝히면 못쓴다"며 돈에 대해 금욕주의적 태도를 주입하거나, "애들이 돈 쓸 데가 어디 있겠어" 하며 아이들에게 돈에 대해 가르칠 필요가 없다고 생각한다. 이는 어려서부터 돈의 유용함을 깨닫게 하고 스스로 경제활동을 하도록 하는 유대인의 금전교육관과는 매우 다른 태도이다.

금융교육전문가들은 아이들이 용돈을 모아 친구의 선물을 산다든지, 정해진 용돈으로 한 가지 물건을 사게 되면 다른 것을 할 수 없게 된다든지 등 스스로 용돈 사용을 설계하면서 돈의 의미를 깨닫게 하는 교육이 필요하다고 말한다.

많은 부모들이 용돈을 주면 아이가 불량식품이나 사 먹거나, 장난감을 사는 등 쓸데없는 데 돈을 다 써 버린다며 용돈을 주지 않는다. 부모 입장에서는 불필요한 낭비를 줄일 수 있어 합리적이라고 생각할 수 있겠지만, 그렇게 할 경우 아이들은 돈을 알 수 있는 귀중한 경험을 놓치게 된다. 이제부터라도 유대인의 적극적인 경제교육관을 돌아보며 아이에게 용돈교육을 시켜보자.

32 나이 많은 선생님을 존경하게 하라

유대인은 나이 많은 교사를 존경한다

우리나라에서 점점 커지는 문제 중의 하나는 노령화 현상이다. 노령화 현상으로 남은 삶을 홀로 보내는 쓸쓸한 노인들이 많아졌다. 2010년을 기준으로 한국의 독거노인이 100만 가구를 넘었다고 한다. 안타까운 것은 독거노인의 비율이 해마다 급격히 늘고 있다는 것이다. 우리 사회에서 노인은 소일거리가 없으면 지루하게 여생을 보내야 하는 잉여 세대가 되었다.

이런 우리 사회와는 대조적으로 유대인 사회에서 노인은 그들의 전통문화를 다음 세대에게 전해주는 문화적인 메신저 역할을 한다. 유대인 노인들은 자식들에게 삶에 대한 지혜와 충고를 아낌없이 주는 인생의 선배로 존경을 받는다.

노인의 지혜를 중요하게 생각하는 유대인의 『탈무드』에는 다음과 같은 말이 있다.

"젊은 교사에게 배우는 것은 설익은 포도를 먹고 방금 저장한 포도주를 마시는 것과 같다. 나이 든 교사에게 교육받는 것은 익은 포도를 따 먹으며 숙성된 포도주를 마시는 것과 같다."

이런 사고방식 때문인지 교육 현장에서도 유대인들은 젊은 교사보다는 나이 많은 교사를 선호한다. 젊은 교사는 새로운 지식을 많이 쌓았을지는 모르지만 원숙한 인격이나 경험은 부족하다. 인격적 성장이란 짧은 시간에 이뤄지는 것이 아니라 오랜 시간이 필요하기 때문이다. 젊은 교사와 나이 많은 교사의 차이점에는 또 다른 것이 있다. 젊은 교사는 나이 많은 교사에 비해 노련함이 부족하다. 아이들을 가르칠 때 마음이 급하면 허둥대거나 실수하기 쉬워 아이들에게 좋은 영향을 줄 수 없다.

이러한 생각 때문에 유대인 유치원에는 우리나라의 유치원과 같이 미혼인 교사들이 거의 없다. 아이를 서너 명 키워본 교사들이 대부분이다. 이스라엘에서는 결혼하지 않았거나 대학을 갓 졸업한 사람들은 좀처럼 유치원 교사로 채용되지 않는다. 부모들은 아이에 대해 많은 것을 알고 있고, 아이를 잘 다룰 수 있는 50~60대 할머니들에게 아이를 맡기고 싶어 한다.

유대인 유치원에서 아이들의 수업을 전담하는 교사는 유아 교육에 관한 전문 교육을 받은 사람이지만, 아이들을 돌보고 먹을 것을 챙겨주는 보조교사는 아이들을 실제 키운 경험이 있는 사람들이다. 아이들에게는 이론보다 편안하고 따뜻한 엄마 같은 손길이 더욱 필요하기 때문이다.

아이를 자기 자식처럼 사랑하는 할머니 교사

대부분 맞벌이를 하는 이스라엘에서는 유치원에 다니는 아이들을 엄마와 아빠가 출근하면서 유치원에 데려다 주고, 퇴근하면서 집으로 데려오는 것이 일반화되어 있다. 유대인 유치원에는 아이들을 가르치는 선생님과 보조교사, 당번제로 나오는 아이들의 어머니 등 3~4명이 반마다 배정되어 있다.

그중 아이들을 돌보는 일을 하는 보조교사들은 주로 할머니들로 구성되어 있다. 경험이 많은 할머니들은 아이들의 기저귀를 갈아주고 아이가 아픈 곳은 없는지, 불편하지는 않은지를 살피고 아이와 함께 놀아주면서 돌본다. 아이를 맡기고 출근하는 엄마들은 아이를 키워본 경험이 없는 젊은 교사에게 아이를 맡기는 것보다 훨씬 더 마음을 놓고 일할 수 있다.

할머니 보조교사들은 아이들의 간식을 만들어줄 때도 일률적으로 만들어주지 않는다. 아이의 입맛이나 건강 상태에 따라 다른 간식을 만들어 먹인다. 아이가 갑자기 울거나 짜증을 내도 당황하지 않고 잘 대처한다. 엄마와 떨어져 자칫 정에 굶주리기 쉬운 아이들을 따뜻한 손길로 보살펴주기 때문에 아이들은 심리적, 정서적으로 안정감 있게 자란다.

우리나라 부모 중에는 아이가 할머니 손에서 자라게 되면 버릇없이 자라지 않을까 염려하는 사람도 있다. 그러나 이스라엘에서는 할머니 보조교사들과 아이들의 부모가 친밀한 교류를 통해 하나의 일관된 기준을 세워 두고 아이를 기른다. 아이를 맡겨둔 어머니들은 일을 마치고 아이를 데리고 돌아갈 때 그날 하루 아이의 상태가 어떠했는지 자세히 묻는다. 아이가 잘 놀았는지, 무엇을 먹었는지, 아픈 곳은 없었는지 등. 유대인 엄마들은 유치원 교사에게 거리감이나 부담감을 느끼지 않는다. 그래서 아주 친근하고 편안하게 아이에 대해 모든 것을 물을 수 있다.

우리나라에서도 할머니 선생님이 유치원에서 동화 구연을 하는 등 할머니를 통한 감성교육이 다시 주목받고 있다. 이런 움직임이 더욱 많은 유아교육 현장으로 확대되기를 기대한다.

33 체험학습장을 만들어주어라

현장 교육의 천국, 키부츠 농장

키부츠의 농장은 자연 교육, 현장 교육의 천국이다. 키부츠 유아원, 유치원의 아이들은 매일 오전 10시 반이 되면 낡은 트랙터를 개조한 차량을 기다리며 현장학습 나갈 준비를 한다. 부모들도 매일 한 명씩 순번제로 트랙터 개조 차량을 운전해서 아이들과 함께 현장학습을 간다. 현장학습을 나갈 때는 교사 1명, 보모 2명, 일일 운전사 겸 보호자인 부모 1명을 포함한 4명이 12~13명의 아이를 돌본다.

농장으로 이동하는 동안 교사는 아이들에게 주변에 보이는 다양한 것들에 대해 질문을 하면서 아이들에게 이전에 현장학습에서 경험하고 배운 내용을 떠올려보도록 한다.

"며칠 전에 다녀온, 저 동물 농장에는 어떤 동물이 살고 있었는지 기억하고 있나요?"

"그 동물 중 알을 낳는 동물은 어떤 것이 있었죠?"

"새끼를 낳는 동물은 어떤 것이 있었나요?"

"토끼는 무엇을 맛있게 먹었나요?"

"달걀로 만들어 먹을 수 있는 음식은?"

아이들은 주로 키부츠 주변의 농장, 목장, 동물 농장으로 나간다. 그곳에 가서 농부들이 일하는 모습을 직접 보고 그들의 지시에 따라 함께 일한다.

지중해변에 있는 하쪼르 키부츠를 찾았을 때 마침 5, 6세 아이들이 가는 곳은 아보카도 농장이었다. 농장에 도착하자 현장 지도를 맡은 농부는 아이들에게 아보카도 나무를 보여주며 나무와 농장에 대한 역사를 쉽게 이야기해주었다.

누가, 언제 농장에 나무를 심었으며 첫 열매를 따기까지 얼마나 시간이 걸렸는지, 현재 수확하고 있는 양은 얼마나 되는지, 수확한 아보카도는 어떻게 판매하는지 등 꽤 구체적인 내용을 재미있게 설명해주었다. 줄기를 상하게 하지 않으면서 아보카도 열매를 따는 방법과 수확하기 적당한 크기와 색도 알려주었다. 아보카도 한 알 한 알이 키부츠의 주요 수입원이라는 말도 잊지 않았다. 어른들의 보호 속에서 아보카도를 따고 열매를 바구니에 담으면서 아이들은 땀 흘리며 일하는 즐거움을 느끼는 것 같았다. 한 개씩 조심스럽게 옮기는 아이, 쓰고 온 모자에 서너 개를 넣어 옮기는 아이, 두 손 가득 들고 오다 떨어뜨려 줍고 있는 아이, 아이들은 저마다 아보카도 농장의 농부로 열심히 일했다.

현장학습은 아이의 시야를 넓혀준다

그들을 보면서 우리가 사는 세상을 더욱 폭넓게, 있는 그대로 보여주는 것이 어른들의 중요한 역할이라는 생각이 들었다. 유대인 교사들은 교실에 앉아 책 속의 농부 모습을 보고 그림 속의 과일을 보며 그 이름을 익히는 학습은 죽은 교육으로 생각한다. 그래서 그들은 교실 학습보다 현장학습이 더 효과적이라고 판단되면 망설이지 않고 아이들을 현장으로 데리고 간다.

좁은 교실을 벗어나 농장이나 들판으로 나간 아이들은 밝은 햇살과 맑은 공기 속에서 건강하게 뛰어노는 동물, 탐스럽게 익어가는 과일, 푸른 잎을 돋우는 채소를 직접 보고 만지면서 배우는 즐거움과 함께 정서적인 안정을 얻게 된다.

도시의 유아 교육기관에서도 아이들에게 적어도 매주 한 번 정도는 온종일 현장학습 시간을 갖게 한다. 간단한 먹거리를 등에

메고 가까운 동물원이나 식물원, 공원, 박물관을 찾아간다. 자연보호협회가 마련한 자연 학습 프로그램도 인기가 높다.

아이들은 교사와 함께 천연기념물로 지정된 꽃이나 새를 찾아가는 탐사나 광야의 계곡을 따라가며 지형을 탐구하는 프로그램에 참여한다. 교사들은 자연 교육을 통해 아이들로 하여금 스스로 자연을 아끼고 사랑하는 마음과 국토에 대한 애정을 갖도록 가르친다. 나무 한 그루, 풀 한 포기가 우리 생활에 얼마나 많은 도움을 주고 있는가를 가르치고 그것을 훼손하지 않고 푸르게 보전하는 일이 얼마나 의미 있는 일인가도 일깨워준다.

2012년부터 우리나라에서도 주 5일제 수업이 시행된다. 그래서 주말 동안 아이들과 어떻게 시간을 보내면 좋을지 고민하는 부모들이 늘고 있다. 체험학습은 '주어진 것'에서 '찾아가는 것' 중심으로 계획하는 것이 유익하다.

나는 이 황금 같은 주말 동안 아이들과 체험학습을 떠나보라고 권하고 싶다. 유대인 아이들처럼 키부츠 농장에서 생활할 수야 없겠지만, 도시 근교로 나가면 주말농장을 체험할 수 있는 곳이 많다.

주말마다 농장이나 주변 텃밭에 가서 배추, 고추, 무, 오이 등과 같은 채소를 재배하는 것도 아주 재미있고 더불어 자연의 신비를 배울 수 있는 계기가 될 것이다. 그리고 계절에 맞는 체험학습, 지역별, 주제별로 해볼 수 있는 체험학습을 정하고 아이와 함께 찾아가보자. 별자리 보기, 판소리 체험, 수돗물 정수장 등 특성 있는 체험학습장이 곳곳에서 가족들을 기다리고 있음을 알 수 있을 것이다.

34 남자와 여자는 동등하다는 것을 가르쳐라

남자와 여자는 평등하다

요즘 들어 젊은 부부들 사이에는 집안일을 분담하는 것을 당연하게 생각하는 분위기가 조성된 것 같다. 남편들은 아내와 다정하게 팔짱을 끼고 슈퍼마켓을 돌아다니고, 예쁜 그림이 그려진 앞치마를 두르고 콧노래를 부르면서 밥을 하고 청소도 하고 세탁기도 돌린다.

기성세대에서도 '남자는 절대로 부엌에 들어가면 안 돼'라고 생각하는 사람들이 점점 줄어들고 있는 것 같다. 우리나라 남자들도 경우에 따라서는 아내를 위해 기꺼이 부엌일을 해주고 걸레를 집어들 수 있다고 생각하는 사람이 점점 많아지는 것을 보면 말이다.

　그러나 우리나라 사람 중에, 아빠는 싱크대에 서서 밥을 하고 엄마는 아이들과 아파트 광장에 나가 공놀이를 하는 모습을 흐뭇한 마음으로 받아들일 수 있는 사람이 몇이나 될까?

　이스라엘에서는 그런 풍경이 아주 익숙하게 받아들여진다. 그렇다고 해서 유대인 아버지들이 그 권위를 잃어버렸다고 생각하면 오산이다. 유대 사회에서는 아버지의 권위가 아주 막강하다. 유대인 가정에서 아이들에게 『탈무드』를 가르치는 사람은 아버지이다. 유대인 아이들은 아버지를 정신적인 기둥으로 삼는다. 오늘날 유대인 아버지들은 안식일이 되면 아이들과 지난 일주일을 되돌아보고 아이가 다 자라 집을 떠나 있어도 아이의 생활에 대해 관심과 충고를 아끼지 않는다.

아이들과 엄마가 공놀이를 하는 한쪽에서 아버지가 밥을 짓는다고 해도, 역할만 바뀌었을 뿐 아버지의 권위가 무너진 것으로 여기지는 않는다. 이스라엘에서는 사회적으로 남녀의 능력을 동등하게 인정해주고 서로를 인격체로 존중해주기 때문에, 아이들은 아버지가 밥 짓는 모습과 어머니가 밥 짓는 모습에서 별다른 차이를 느끼지 않는다.

유대인에게는 남녀차별의 개념이 없다

유대인은 아이의 교육을 부모 어느 한 쪽에 맡겨두지 않고 언제나 두 사람이 공동으로 일관성 있게 해나가야 하는 협조적인 영역이라고 생각한다. 교육뿐만 아니라 다른 일에서도 역할 분담이 꼭 나누어져 있지 않다. 유대인의 특수한 역사적 배경으로 인해 여자와 남자가 함께 나라를 일으켜 세우지 않을 수 없었기 때문에 그들은 남자의 일, 여자의 일을 따로 구분하지 않는다.

이스라엘에서는 여자들도 남자와 똑같이 군대에 가서 훈련을 받는다. 단, 전쟁에는 나가지 않는다. 아이를 낳아서 길러야 하는 것이 전쟁보다 더 중요하다고 생각하기 때문에 여자를 실전에는 투입하지 않는 것이다. 그들은 여자와 남자의 구분은 아이를 낳아 기를 수 있는 능력이 있는지 없는지 만으로 구별한다.

이스라엘에서는 부모 중에서 먼저 일을 마치는 사람이 일과를 끝내고 돌아오는 길에 탁아소나 유치원에 들러 아이를 집으로 데려온다. 엄마나 아빠 중 한 사람이 저녁을 준비하는 동안 아이들은 다른 부모와 함께 하루 동안 있었던 일을 즐겁게 이야기한다. 저녁 식사를 마치고 엄마가 설거지하는 동안 아빠는 아이들을 목욕시키고 잠자리를 봐준다.

이스라엘 유학 시절 지도교수님의 댁을 방문했는데 교수님이 책과 논문을 가지러 들어간 사이 교수님의 남편이 나와 손수 커피를 끓여 오셨다.

이렇게 유대인 가정에서 남녀가 평등하게 집안일을 하는 풍토가 굳어져 있는 것은, 여성들의 사회 참여가 일반화되고 여러 분야에서 여성들이 능력을 인정받는 데서 오는 자연적인 결과라고 할 수 있다. 따라서 유대인은 어려서부터 이렇게 남자와 여자가 서로 똑같이 평등한 인격체라는 것을 실제로 보고 자라기 때문에, 성장해서도 남녀차별에 대한 생각을 거의 하지 않는다.

35
명절과 안식일은 뿌리교육의 날로 정하라

명절에는 민족의 정체성을 가르쳐라

유대인 가정에서는 명절마다 온 가족이 식탁에 모여 명절과 관련된 성서 내용을 읽고 특별한 명절 음식을 먹는다. 새해 명절(로쉬 하샤나: '한 해의 머리'라는 뜻)에는 사과에 꿀을 찍어 먹기 전에 이렇게 축복한다.

"우리의 주되신 하느님, 우리 백성의 하느님, 우리에게 풍성하고 달콤한 새해를 주세요. 우리의 주 하느님, 당신은 복되시니 우주의 통치자시며 나무에 열매를 만드시는 분이십니다."

사과를 잘라서 꿀에 찍어 먹는 것이 유대인들의 율법으로 정해진 것은 아니지만, 사과를 꿀에 찍어 먹으면서 모두에게 달콤

한 새해가 되길 기원하는 것이 그들의 전통이다. 또한 새해 첫날에는 생선의 꼬리보다는 머리를 먹는다. 머리는 지도력을 의미한다. 한 해 동안 자신이 하는 일이나 속한 곳에서 꼬리가 되기보다는 머리가 되라는 의미이다.

유월절(페싹: Pass Over, '건너뛰다'라는 뜻) 만찬은 무척 인상적이다. 유월절은 이스라엘 백성이 노예 생활을 하던 이집트에서 탈출한 사건을 기념하는 유대인 최대의 명절이다. 유월절 만찬에 모인 가족, 친지, 손님들이 모두 자리에 앉으면 그 집 가장은 포도주잔을 들고 "주 우리 하느님, 우리의 왕, 포도주를 내신 창조주는 복되시도다"라고 사례한 후 누룩 없는 빵 하나를 들고 둘로 쪼개면서 다음과 같이 외친다.

"이 빵은 우리 조상이 이집트에서 먹던 고난의 빵입니다. 배고픈 사람들이여, 모두 이 식탁에 둘러앉아 유월절 만찬을 듭시다. 우리가 지금은 이곳 타향에 살아도 내년에는 이스라엘 땅에서 살게 될 것입니다. 지금은 비록 노예지만 내년에는 자유인이 될 것입니다."

이 외침은 2천 년 동안 나라 없이 전 세계에 흩어져 살면서 고난의 빵을 먹던 유대인들의 모습을 떠오르게 한다.

이처럼 매년 유월절에 유대인들의 가정에서는 유월절 만찬이 베풀어지고 그 자리에서 부모는 아이들에게 이스라엘의 출애굽 역사, 민족 해방의 역사, 노예가 자유인이 되는 역사를 전한다. 아이들 스스로 명절과 전통을 소중하게 여기는 마음을 갖게 하고 그것을 함께 지키고 나누는 가족 공동체의 중요성을 깨닫도록 하기 위해서이다.

안식일은 가족의 소중함을 깨닫는 날이다

대부분의 가정에서 평일에는 주로 저녁 식사시간에, 안식일에는 금요일 저녁부터 토요일 저녁까지 가족들이 모두 모여 식사를 함께한다. 안식일이란, 유대교에서 금요일 해질 무렵부터 다음날 어두워질 때까지 휴식하며 거룩하게 지키던 날을 말한다.

유대인 가정에서 식탁은 부모님에 대한 효(孝)를 행하는 곳이기도 하다. 안식일에 대부분의 유대인 가정에서는 매주, 적게는 한 달에 두 번 정도 아이들과 함께 부모님을 방문한다. 안식일이 시작되는 금요일 저녁 해질 무렵 식구들이 식탁 주위에 모이면 할머니는 촛대 앞에 서서 "주 우리 하느님, 우리의 왕이신 주님을 찬양합니다. 주님은 율법으로 우리를 거룩하게 하셨고 안식일의 빛을 밝히라고 명하셨습니다"라고 기도하면서 초에 불을 붙인다.

이어 할아버지가 포도주잔을 들고 감사의 기도를 드리면 모두 자기 잔의 포도주를 한 모금씩 마시면서 "이 기쁨을 주신 하느님께 찬양을 돌립니다"라는 기도를 드린다. 그러면 할아버지는 흰 보자기에 덮여 있던 안식일 빵을 들고 식구들에게 한 조각씩 떼어준다. 그리고 나면 평안과 안식, 가족의 단결과 영적 능력의 회복을 위한 안식일이 시작된다.

식구들은 할아버지, 할머니와 함께 식탁에 둘러앉아 한 주 동안 자신에게 일어났던 좋은 일과 힘들었던 일, 기억에 남는 일을 이야기하며 말벗이 되어 드린다. 이렇게 주말마다 가족이 모여 식사하고 이야기를 나누고 산책하는 것이 사소한 일처럼 생각될지 모르지만, 가족이 함께하는 시간이 아이들에게는 소중한 추억으로 남게 된다.

유대인들은 이처럼 명절을 통해 가족 간의 좋은 추억의 시간을 만든다. 이런 환경에서 자란 유대인 아이들은 성장해서도 가족

간의 따뜻함을 잊지 않고, 어떤 어려움이 닥쳐와도 가족 간의 사랑으로 극복할 수 있는 힘을 얻는다. 따라서 유대인은 명절과 같이 가족과 함께하는 시간을 그 어떤 시간보다 귀하게 여긴다. 함께 공유하는 아름다운 추억, 힘들었던 추억이 가족 간에 서로를 끈끈하게 연결해주는 큰 힘이 된다고 믿기 때문이다.

36 세상을 아름답게 만드는 봉사와 선행을 가르쳐라

아이에게 봉사의 기쁨을 가르쳐라

에스티: 엄마, 오늘 봉사센터에 가져갈 음식은 뭐예요?

드보라(엄마): 아보카도 샐러드, 토마토 스파게티, 슈니첼(닭 가슴살을 돈가스처럼 튀긴 것)이고 디저트는 시원한 수박이다.

아론: 수박이 몇 개예요?

엄마: 수박은 여섯 개인데 크고 무거워.

하임(아빠): 내가 두 개 들고…… 자원해서 수박 들 사람?

아론: 저도 두 개 들게요.

사라: 저도 한 개 들 수 있어요. 두 팔로 안아서 들게요.

다니: 저도 한 개 들게요.

하임: 다니야, 수박이 꽤 크고 무거워서 네가 들긴 힘들 텐데.

사라: 아빠, 제가 함께 들게요.

하임: 그래, 서로 도우면 되겠구나. 그래도 무거우면 오빠나 언니를 불러서 도와달라고 하렴.

드보라와 하임은 다섯 아이를 데리고 한 달에 두 번 목요일 저녁에 봉사활동을 한다. 오후 4시, 집에 모인 가족들은 가져갈 음식을 차에 싣고 지역 봉사센터에 가서 준비해간 음식과 봉사센터에서 준비한 생필품을 다섯 가정에 배달한다.

이스라엘에서는 드보라와 하임의 가정처럼 아이들이 어렸을 때부터 봉사하는 일이 삶의 일부로 생활화되어 있다. 그들은 어려운 이웃을 돕는 게 하느님의 축복을 받는 지름길이라고 자녀들에게 가르친다.

유대인은 주는 사람도 누구한테 주는지 모르고 받는 사람도 누구로부터 받는지 모르게 하는 것을 가장 높은 수준의 선행으로 본다. 그래서 익명으로 조용히 봉사하는 자선단체들이 여럿 있다. 요리를 해서 봉사 단체에 가지고 가는 엄마, 그 음식을 나르고 집집마다 배달하는 아빠를 도우면서 아이들은 선행과 봉사를 배운다. 아이들은 봉사를 하면서 철없던 자신의 행동을 반성하고 서서히 성숙해진다. 가진 것에 감사하며 어려운 사람들을 돕는 봉사를 즐겁게 생각하게 된다.

세상을 따뜻하게 만드는 선행을 실천하게 하라

유대인은 어릴 때부터 구제(쯔다카)를 의무로 가르친다. 쯔다카의 어원인 쩨덱은 '의', '정의', '공의'를 뜻한다. 구제는 공의의 차원에서 다루어져야 할 의무이기 때문이다. 유대인의 전통에 따르면 모든 사람은 구제할 의무가 있고 또 필요한 사람은 부끄러움 없이 구제받을 권리가 있다. 유대인의 구제는 권장사항이 아니라 의무조항이다.

유대인의 집에 가면 구제함(푸슈케)이 쉽게 눈에 띈다. 유대인은 어려서부터 자신의 용돈을 아껴 아침, 저녁 식사 전과 안식일에 푸슈케에 동전을 넣도록 가르친다. 그들은 푸슈케에 동전 떨어지는 소리를 들으며 누군가 이 돈으로 도움을 받게 될 것을 기쁘게 생각하고 푸슈케가 가득 차면 누구를 어떻게 도와줄지 가족회의를 연다.

선행을 가르치는 것이 빠르면 빠를수록 좋다고 생각하는 유대인들은 생후 8개월 된 아이에게도 선행을 가르친다. 매일 아침, 저녁 식사 전 손에 동전을 쥐게 한 후 아이의 손을 잡고 푸슈케에 동전을 넣는다. 그렇게 하다 보면 돌이 될 때쯤 아이들은 동전을 주어도 입에 넣지 않고 푸슈케에 넣게 된다고 한다. 미국 기부금의 45%는 유대인에게서 나온다는 통계가 있을 정도로 유대인은 자선과 기부에 열심이다. 유대교 종교인 가정에서는 아이들에게 소득의 33%는 자선, 33%는 저축, 33%는 소비하도록 가르친다.

우리나라에서도 기부문화의 패러다임이 변하면서 재능을 기부하는 사람들이 늘어나고 있다. 이들을 가리켜 '프로보노'라고 하는데, 라틴어로 '공익을 위하여'란 뜻이다. 우리도 누구나 '프로보노'가 될 수 있다. 꼭 전문가 수준의 재능을 가지고 있어야만 기부를 할 수 있는 것은 아니다. 사진 찍기가 취미인 사람은 사진을, 요리를 잘하는 사람은 맛있는 음식으로 기부할 수 있다. 잠들어 있는 신용카드, 이동통신사 카드, 쇼핑몰 포인트 등 각종 포인트도 기부할 수 있다. 기부를 실천하는 그 순간부터 우리도 기부천사가 될 수 있다.

37 오른손으로 벌을 주면 왼손으로 즉시 안아주라

체벌에는 침묵도 포함된다

유대인 엄마들은 아이에게 매를 들지 않는다. 그렇다고 아이들이 매를 댈 일이 없을 만큼 말을 잘 듣고 얌전한 것은 물론 아니다. 그들은 아이의 버릇을 고치기 위해 매가 아닌 다른 방법으로 체벌을 한다.

아이에게 나쁜 버릇이 있어 주의를 시켜도 그것이 고쳐지지 않을 경우 엄마는 아이가 가장 좋아하는 일을 하지 못하게 하는 것으로 벌을 준다. 아이가 즐겨 보는 TV 만화 프로그램을 못 보게 한다거나 좋아하는 놀이를 금지시켜, 왜 자기가 좋아하는 일을 하지 못하는지를 곰곰이 생각하게 한다.

어쩌다 아이를 때릴 경우에도 회초리나 다른 도구를 절대로 사용하지 않고 반드시 손으로 아이를 때린다. 단, 감정을 조절하지 못해 아이를 마구잡이로 때리는 일은 없다. 그들은 매우 화가 날 경우 아이를 엎어놓고 손바닥으로 엉덩이를 몇 번 때린 후에, 아이에게 왜 맞았는지 이유를 묻고 스스로 잘못을 찾아내게 한다.

그런 다음 엄마는 아이를 한구석에 격리시켜 놓고 일절 말을 걸지 않는다. 유대인 아이들은 매보다 부모의 침묵을 더 무서워한다. 엄마나 아빠가 아이에게 주는 최대의 벌은 침묵이다. 아이는 엄마와의 소통이 단절되는 순간부터 심한 두려움을 갖게 되어 스스로 잘못을 뉘우친다. 그리고 엄마에게 다가와 어리광을 부리며 예전처럼 다정한 엄마로 돌아와 달라는 듯이 안기려 한다.

아이를 다스리는 이런 방법은 특별히 훈련되었거나 고도의 기술을 발휘한 것이라고는 볼 수 없다. 하지만 부모가 자신의 감정을 다스리지 못해 아이를 윽박지르고 무섭게 매로 다스리는 벌을 대수롭지 않게 생각하는 환경에서는, 이런 육아법이 특별한 기술로 여겨질 수 있을 것이다.

어려서부터 부모의 침묵이 가장 무서운 벌이라고 생각하며 자란 유대인은 자신의 감정을 잘 다스리는 것에도 훈련이 되어 있다. 부모의 교육을 통해서 좋은 부모가 되기 위해서는 자신의 감정과 분노를 다스리는 것이 무엇보다 중요하다는 걸 알고 있기 때문이다.

오른손으로 아이를 벌주면 왼손으로는 안아주라

유대인 부모는 아이를 혼내주고 난 다음에는 양손으로 꼭 껴안아주는 것을 절대로 잊지 않는다. 유대인에게 끌어안는다는 것은 최고의 애정 표현으로 통한다. 아이를 끌어안아주는 행위를 통해 엄마는 아이에게 너를 꾸짖는 것도 너를 사랑하기 때문이란 것을 직접 느끼게 해주는 것이다. 또 아이를 야단쳤거나 침묵의 벌을 내린 날 밤, 잠자리에 들 때에는 마음을 따뜻하게 보듬어준 후에 잠들게 한다. 그날 있었던 나쁜 감정이 아이의 꿈에 들지 않게 하기 위해서이다. 모든 것을 하루 단위로 시작하고 마치는 그들의 습관이 그날의 두려움이나 슬픔을 그날로 끝내도록 마음을 쓰는 것이다.

유대인들의 오랜 속담 중에 이런 것이 있다.

"오른손으로 아이를 벌주면 왼손으로 안아주라."

이 속담에는 체벌에는 애정이 따라야 한다는 뜻이 담겨 있다. 체벌이 벌로 끝나버리면 부모는 권위에 의해 아이들을 지배하게 되고 아이들은 부모들의 권위와 기에 눌려 심리적으로 위축된다. 따라서 유대인 부모는 체벌을 하면서도 아이에게 부모의 사랑과 따뜻함을 전하는 일에 절대 소홀하지 않는다.

38 놀이교육을 통해 사회성을 길러주어라

글자 공부보다 놀이교육이 더 중요하다

유대인의 유치원에는 5, 6세가 되어도 아이들에게 글자를 가르쳐서 단어를 쓰고 암기하고 읽게 하거나 숫자를 가르치지 않는다. 유대인 유치원 교육과정에서는 초등학교에 입학하기 바로 몇 달 전에야 비로소 아이들에게 글자를 가르치는데, 그것도 아이의 이름이나 히브리어 알파벳을 익히도록 하는 게 고작이다.

유치원 교사들은 글자와 숫자를 가르치기보다는 그림을 통해 자신의 생각을 표현하게 하고 주변의 사물을 관찰하면서 그에 대한 느낌과 특징을 그림으로 나타내게 한다. 유대인 아이들은 공룡이란 단어를 쓰지는 못하지만, 공룡을 그림으로 그리면서 설명하는 아이들로 자란다.

유치원은 물론 가정에서도 학교에 들어가기 전에는 자녀들에게 읽기와 쓰기를 거의 가르치지 않는다. 그럼에도 그렇게 자란 아이들이 세계적인 석학이 되거나 정치, 경제, 사회, 문화 등 각 방면에서 최고의 자리에까지 올라간다. 반면에 우리는 극성스럽게 조기교육을 강조하지만, 그에 비해 성과는 극히 미비하다.

왜 유대인 부모와 교사는 '놀이'를 그렇게 중요시하는 것일까? 병원놀이, 소꿉놀이, 인형놀이, 색칠놀이, 끝말잇기 놀이, 술래잡기, 그림자놀이, 고무줄놀이, 모래놀이, 물놀이 등 이 모두가 '놀이'다. 교사들은 이런 놀이가 아이들에게 정서적으로나 정신적, 신체적으로 무척 큰 영향을 미친다고 생각한다. 또한 친구들과 어울려 즐겁게 놀면서 그들 나름의 방식대로 삶을 익힌다고 보고 있다.

실제로 유대인 유치원 한쪽에는 역할놀이 코너가 마련되어 있다. 그곳에는 어른들의 옷, 신발, 가방, 모자, 지팡이와 같은 물건이 항상 옷걸이에 걸려 있다. 아이들은 자유 시간에 누구의 방해도 받지 않고 평소 원하던 대로 아빠의 양복을 입고 큰 구두를 질질 끌며 다닌다. 여자아이들은 드레스에 굽이 있는 뾰족구두를 신고 돌아다니면서 놀이에 열중한다.

유치원에 그런 코너를 만들어둔 이유는 어른들에 대한 아이들의 호기심을 채워주기 위한 배려이다. 아이들은 역할놀이를 통해 어른을 흉내 내면서 서툴지만, 어른들의 생활을 조금씩 이해하게 된다.

놀이를 통해 아이들은 사회성을 배운다

이스라엘에 있을 때 어느 날 유치원에 방문한 적이 있다. 거기에서 유치원 아이들끼리 놀이를 하다가 작은 다툼이 일어난 것을 우연히 보게 되었다. 유치원 마당에서 모래성을 쌓고 있던 리브나트라는 네 살짜리 아이가 한 살 어린 갈리와 큰 소리로 다투고 있었다.

아이들의 다툼은 리브나트가 쌓아 놓은 모래성을 갈리가 뛰어가다가 실수로 모래성을 발로 차 무너진 것에서부터 시작되었다.

리브나트는 친구 타할과 모래성을 누가 더 높이 쌓나 시합 중이었다. 갈리가 모래성을 무너뜨리기 전까지 타할보다 모래성을 높이 쌓아 의기양양해 있던 리브나트는 갈리 때문에 타할에게 지게 된 것이다.

그러자 리브나트는 속이 상했는지 울음을 터뜨렸다. 갈리가 실수에 대해 사과했기 때문에 화를 낼 수도 없는 상황이었다. 옆에 있던 타할이 리브나트에게 다시 한 번 시합하자고 리브나트에게 말했다. 리브나트는 눈물을 닦으면서 시합은 그만두고 모래성 쌓기를 함께하자고 했다.

아이들끼리 놀이를 하면서 벌어진 미묘한 상황을 아이들 스스로 해결한 것이다. 놀이를 통해 아이들이 삶을 배우는 과정에 대해 생각해볼 수 있었던 좋은 기회였다. 놀이 중에 생기는 여러 문제와 상황 속에서 아이들은 사람과 사람과의 관계, 감정 표현의 방법, 옳은 것과 그른 것에 대한 어렴풋한 이해, 복잡한 상황에 부딪히게 됐을 때 그 문제를 해결하기 위해 어떻게 생각하고 말하고 행동해야 하는지를 배우게 되는 것이다.

유대인은 '놀이'의 의미를 너무나 잘 알고 있기 때문에 아이들이 놀 수 있을 때 실컷 놀도록 내버려둔다. 이렇게 마음껏 뛰어놀더라도 놀이과정에서 삶을 지혜롭게 살아가는 방법을 배우고, 사회생활을 어떻게 해야 하는지를 깨달을 수 있다고 생각하기 때문이다.

지금 우리 아이는 어떤 유치원에 다니고 있는지 생각해보자. 학습을 강조하는 유치원인가? 놀이를 통해 다양한 경험을 쌓게 하는 유치원인가?

의사결정능력을 키워주는
유대인의 자녀교육 38

초판 1쇄 발행 2011년 11월 28일
초판 4쇄 발행 2016년 10월 24일

지은이 박미영
그린이 이일선

펴낸이 김영철
펴낸곳 국민출판사
등록 제6-0515호
주소 서울시 마포구 동교로 12길 41-13 (서교동)
전화 (02)322-2434(대표)
팩스 (02)322-2083
홈페이지 www.kukminpub.com

편집 이인영, 오수환, 이예지
디자인 서정희
영업 김종헌, 이민욱
경영 한정숙

ⓒ박미영, 2011

ISBN 978-89-8165-224-1 03190

* 이 책은 저작권법에 따라 보호받는 저작물이므로 무단전재와 무단복제를 금지하며, 이 책의 전부 또는 일부를 이용하려면 국민출판사의 서면 동의를 받아야 합니다.
* 잘못된 책은 구입한 서점에서 교환하여 드립니다.